Harry Thürk

April - April!

Aufzeichnungen über einen Monat des Jahres 1993

Umschlaggestaltung:
Heinz Behling

ISBN 3 - 928999 - 24 - 9

(Noch nicht im Handelsregister eingetragen)

Druck und Weiterverarbeitung:
Czechoprint Úvaly

Donnerstag, 1. April 1993

Warum habe ich heute keine Lust, einen Aprilscherz zu machen?

Bin ich ein "rechter Trauerkloß", wie es in dem schönen Lied heißt, das der Privatsender Brocken mehrmals die Woche spielt? Kaum. Ich habe meine altersüblichen Krankheiten, keinen akuten Ärger in der Familie, ich bin nicht einmal sonderlich schlecht gelaunt. Aber die Freude deutsch-naiver Gemüter, jene eigentlich liebenswerte Eigenschaft, die sich am heutigen Tage üblicherweise Bahn bricht, kann ich dieses Jahr nicht teilen: Ich habe eine Statistik gelesen, die meine Lokalzeitung präsentiert, und zwar ohne auch nur eine kritische Anmerkung. (Ich war auf dieses Blatt schon abonniert, als es noch einen anderen Namen trug. Einige der alten Redakteure haben sich, wie ich gelegentlich lesen kann, den neuen Gegebenheiten erstaunlich elastisch angepaßt).

Also: In Thüringen wurden bis Ende 1992 320 Wohnungen zwangsgeräumt. Das betraf 490 Personen. Nach Abzug derer, die in Ersatz,- und Notunterkünften Bleibe fanden, oder die bei Verwandten unterkrochen, bleiben 225 Menschen, deren Verbleib unbestimmt ist.

Kommentar des Zynikers S. aus dem Kreis meiner Freunde: "Das ist der Preis der Freiheit." Ist er das wirklich? Und wenn ja, ist das was hierzulande Freiheit genannt wird, diesen Preis wert?

Ich lebe heute in der vierten (deutschen) Gesellschaftsordnung.

Über die Vor- oder Nachteile jeder einzelnen (auch die eingebildeten) könnte man von mir einiges erfahren. Exmittierungen allerdings, wie in dieser Zeit, in der unser Land (der Staat Bundesrepublik Deutschland) keineswegs etwa himmelschreiende Not leidet, habe ich in diesem Ausmaß noch nicht erlebt. Sie bringen himmelschreiende Not über Einzelpersonen, das ist es was mich bewegt. Ich weiß, wovon ich rede. Habe nach dem 2. Weltkrieg zuerst in Wäldern, dann in einem polnischen Ghetto, dann wieder in Wäldern, zuletzt auf einer Bank im Bahnhofswartesaal und anderen "Quartieren" genächtigt. Seitdem bin ich empfindlich gegen Exmittierungen. Auch übrigens gegen Exmittierungen, die einige Millionen betreffen, denen man plötzlich eröffnet, ihr Heimatland sei nicht mehr ihr Heimatland. Und ich bin empfindlich gegen Sprüche über "Wohlstandsgesellschaft" und "soziale" Marktwirtschaft, angesichts solcher Statistiken. Zu Scherzen bin ich - selbst am 1. April - angesichts von Elend in Deutschland, das offiziell geschickt vertuscht wird, nicht mehr aufgelegt. Man verzeihe mir, wenn ich aus der deutschen Art schlage.

Mit den Worten von Anatole France im Ohr, von dem gleichen Recht für alle, unter Brücken zu nächtigen, dreht sich mir immer wenn ich einen Politiker vollmundig von Menschenwürde schwätzen höre, der Magen herum. Und dann denke ich an Liebermanns Ausspruch vom Kotzen.

Kein lustiger 1. April!

Freitag, 2. April 1993

Über den Friedhof zu gehen - eine meiner liebsten Spazierrouten. Die Gewohnheit kommt aus ferner Vergangenheit. Als Heranwachsender pflegte ich in meiner oberschlesischen Heimatstadt öfters gemeinsam mit Schulkameraden den Judenfriedhof aufzusuchen, der abgeschlossen und eingefriedet lag, verlassen. Ein herrliches Durcheinander von Gedenksteinen, Gräbern, Bäumen, verwilderten Büschen, bewachsenen Wegen. Man war ungestört dort, man brauchte keines der tausend Verbote zu fürchten, die es zu jener Zeit gab. Romantik, dein Name ist Friedhof!

Der in Weimar ist sehr schön. Heute ging ich im beginnenden Frühling, wieder einmal über seine stillen Wege. Und ich traf nach dem langen Winter meinen alten Freund dort wieder, den Studienrat H. Oder sollte ich besser sagen den ehemaligen Studienrat H.?

Er saß schon im vergangenen Jahr oft auf derselben Bank. Manchmal schlief er da. Seine Frau hat sich ein halbes Jahr nachdem ihr Mann "abgewickelt" wurde, vor einen Güterzug geworfen. Depressionen. Seitdem lebt H. allein. Was man da so Leben nennt. Und seitdem besuche ich ihn zuweilen auf seiner Bank.

Solange ich in Weimar lebe, kenne ich H. Er war Mitglied der Partei, streitet das auch heute nicht ab, und er tut sich schwer, zu erklären, er habe etwas falsch gemacht. Im übrigen war er einer jener Kritiker der Politik in der DDR, die an Vernunft appellierten. Man konnte mit ihm streiten. Manchmal überzeugten mich seine Argumente. Nicht immer.

Die Gedanken, die er sich um das politische Gefüge der DDR machte, teilte er seinen Schülern nicht mit. Die wußten, so sagt er, auch ohnedem, daß sie einen gerechten, vernünftigen Lehrer an ihm hatten. Er war das was man beliebt nennt. In seiner Art ähnelte er sehr stark einem meiner ehemaligen Lehrer in der Heimatstadt. Dieser hatte mich einmal durch seinen unparteiischen Gerechtigkeitssinn beeindruckt, als andere Lehrer mich "völkisch" denunzierten. Er war der einzige, der mich Sympathie spüren ließ, während dieser üblen Geschichte, die mir fürs Leben den Ekel vor Denunzianten eingab, ganz egal was die Ziele sein mögen, für die sie denunzieren. Ich spüre diesen Ekel gerade heute wieder öfters, da das politische Denunziantentum mir weit verbreiteter erscheint, als das vergangenene, das nun einerseits in Archiven so sorgsam aufbereitet wird, und andererseits verschossen, wie Reservepfeile aus dem Köcher eines Kriegers.

Übrigens stritt ich mich mit H. seinerzeit über Herrn Gorbatschow. Ich war dafür, daß man das, was er zu sagen hatte, wenigstens verbreitete, damit sich jeder eine Meinung darüber bilden kann. H. war dagegen, er bezeichnete ihn als Schaumschläger, als Illusionisten, der schöne Worte gleichsam aus dem Ärmel schüttelt, um sich wohl aus der allen Russen so oder so gemeinsamen Geschichte herauszustehlen: Der große Reformer, dessen Karriere bis zu diesem Punkt wohlwollend zugedeckt wird. Ein Mann, der imstande ist, jedes Versprechen zu vergessen, jeden Vertrag zu brechen, und selbst von den größten Gaunern dieser Welt noch Geld zu nehmen.

Eigenartig, H. und ich hatten auch bei grundsätzlich unterschiedlichen Standpunkten nie das Gefühl, Gegner zu sein. Einer der vielen Menschen, mit denen mir das gelang.

Damals, im Sommer 1989, als H. noch Schuldienst versah, erzählte er mir von einem seiner Lieblingsschüler. Er ärgerte sich über ihn, weil er zu jeder der vielen Demonstrationen lief die von einem Pfarrer oder einem anderen Agitator veranstaltet wurden. Er habe mit ihm gesprochen, wollte Aufschluß über das haben, was ihn antrieb. Sein Schüler bescheinigte ihm altmodisches Denken. Es betrübte H.

Heute, nach langer Zeit, sprach er wieder über diesen ehemaligen Schüler. Er hatte Karriere gemacht, in einer von Widersinnigkeiten und Heuchelei gezeichneten Umbruchzeit. War für eine der Bürgerrechtsgruppen als Abgeordneter ins Parlament der Nachbarstadt eingezogen. Hatte Reden gehalten. Zu Optimismus aufgerufen. Die neue Zeit verlange das Engagement eines jeden Bürgers. (Über das Engagements des Studienrats H. sagte er nichts.) Sein Name war oft in den "gewendeten" Lokalzeitungen erschienen. Auch sein Bild. Gehässige Leute nannten ihn ein Vorzeigekind des 89er Herbstes.

"Er ist tot," sagte H. Ich setzte mich neben ihm auf die Friedhofsbank und wollte wissen, was geschehen war. H. klärte mich knapp auf: "Als ich ihn zuletzt sah, war er deprimiert. In einer Reihe von Versammlungen hatte man ihm die Frage gestellt, ob er das was an Arbeitslosigkeit und notdürftig kaschiertem Elend über die Leute gekommen ist, in jenem Herbst gewollt habe. Und als er beteuerte, das habe er nicht gewollt, hätte eine Arbeitslose in seinem Alter, die seine Mitschülerin gewesen war, ihn gefragt, wie hoch denn sein Gehalt jetzt sei."

Ich höre Geschichten dieser Art nicht zum ersten Mal. Es gibt viele solcher Beispiele.

Der junge Mann, von dem H. sprach? "Er hat sich erhängt. Schrieb seinen Eltern auf, er schäme sich vor seinen ehemaligen Freunden."

Eben habe ich mir die Todesanzeige im Lokalblatt herausgesucht. Da steht: "Wir trauen um unseren geliebten Sohn, der auf tragische Weise ums Leben kam."

Es ist ein Text, wie er gemeinhin bei Autounfällen mit tödlichem Ausgang verwendet wird.

Für mich war das nicht überraschend. Ich bin alt genug um zu wissen, wie sich Feigheit äußert. Und - was für einen Text sollte man schon entwerfen, für einen guten Jungen, der nicht die kaltschnäuzige

Ignoranz aufbringt, die ein Politiker in diesem Land heute braucht?

P.S.Ich erzählte von einem Pädagogen. Da fällt mir gleich noch eine andere Geschichte ein. In meiner Nachbarschaft gibt es eine alleinstehende Lehrerin, die keiner der DDR-Parteien angehörte. Bei einer sogenannten Solidaritätssammlung unter ihren Schülern stellte sie arglos eine mit einem Einwurfschlitz versehene große leere Nivea-Creme-Dose in der Klasse auf. Sie wurde an der Wandzeitung von einer (blockparteigebundenen) Kollegin attackiert, diese Verwendung eines kapitalistischen Symbols für den hehren Zweck sei eine politische Provokation.

Sie wurde offiziell gemaßregelt.

Im Jahr 1992 wurde sie entlassen. Die Wandzeitungsdenunziantin überreichte ihr den blauen Brief und mahnte Verständnis für die Maßnahme an.

Sie ist heute Leiterin der besagten Schule.

Samstag, 3. April 1993

Vielleicht gehöre ich ja zu einer aussterbenden Generation, und vielleicht waren die drei Kriege, die ich unmittelbar miterlebt habe, zuviel für mich: Ich bin allergisch gegen euphorisch eingefärbte Darstellungen siegreicher (oder erfolgreicher) Kriegshandlungen. Gestern abend setzte mir das wieder zu, als ich die täglichen Horrorberichte aus dem ehemaligen Jugoslawien im Fernsehen verfolgte. Wahrscheinlich spreche ich nicht gerade das aus, was kriegsunerfahrene, emotional stark engagierte junge Leute zu diesem Krieg auf dem Balkan unter dem Eindruck solcher Bilder empfinden, wenn ich sage, daß ich Bürgerkriege nicht geeignet halte für friedensschaffende ausländische Interventionen. So sehr die Interventionen auch humanitären Zielen dienen sollen. Es werden unweigerlich Kriegshandlungen daraus, und statt einen Bürgerkrieg einzufrieren, wie jeder vernünftige Mensch es ersehnt, wird durch Intervention meist eine Ausweitung erreicht. Das beweisen alle Beispiele aus der Geschichte. Der Intervent wird zur kriegführenden Partei.

Mich beunruhigt, daß in Deutschland (von dem die Konservativen, aber auch schon die Sozialdemokraten behaupten, seine Verantwortung in Europa sei gewachsen) gegenwärtig eine Verpflichtung zur militärischen Intervention herbeigeredet wird.

Wir Deutsche bleiben ein gefährdetes Volk. Das stimmt nicht nur, weil es unlängst der Altbundeskanzler Schmidt laut gesagt hat.

Ein gefährdetes Volk sollte Kriegshandlungen in einem Land, in dem noch längst nicht alle Gräber des letzten Krieges auch nur gefunden sind, um jeden Preis vermeiden.

Die Geschichte von der Pflicht, die Deutschland angeblich im Bündnis NATO zu erfüllen hat, nehme ich so nicht ab. Ist dieses Bündnis nicht zur Verteidigung geschaffen worden? Mit dem Versprechen, lediglich den Mitgliedern verpflichtet zu sein? Hat sein Statut einen Interventionsparagraphen?

Mich bedrücken die Bilder vom Balkan schon. Eine bittere ethnische Auseinandersetzung von der Art wie man sie bereits in der sehr fernen Vergangenheit wähnte. Was man da sieht, greift ans Herz. Und weil das bei mir so ist, mache ich mir die Arbeit, hier einmal einige der ganz ähnlichen, gegenwärtig rasenden ethnischen (oder religiösen) Konflikte in der Welt, die mir gerade einfallen, aufzulisten:

Kashmir - Moslems gegen Hindus;

Äthiopien - Afars gegen Tigreer, Gurages gegen Walaytos etc.;

GUS - Aserbeidschaner gegen Armenier, Georgier gegen Osseten, Moldawier gegen Russen;

Ägypten - Moslems gegen "Ungläubige";

Kambodscha - Rote Khmer gegen den Rest des Volkes;

Irland - eine Religion gegen die andere;

Sri Lanka - sezessionswillige Minderheit gegen die Mehrheit;

Indonesien - indonesische Besatzung gegen Timor-Bevölkerung;

Burma - Militär gegen Demokraten;

Ich muß gestehen, daß mir die (wesentlich selteneren) Bilder von diesen Konflikten, die das Fernsehen bringt, ebenso ans Herz greifen, wie die (häufiger zu sehenden) vom Balkan. Und ich bezweifle, daß die UNO in allen diesen Konflikten mit dem Schwert der Menschlichkeit Frieden stiften kann, ohne daß dieses Schwert selbst blutig wird.

Da tut sich die bange Frage auf, was andere Völker ausrichten können, wenn es in einem Nachbarland einen Bürgerkrieg gibt. Mit allen, selbst den unvorstellbarsten Grausamkeiten, zu denen haßerfüllte Krieger fähig sind. Die Entscheidung ob man streng das Prinzip der Nichteinmischung verfolgt (ein international geachtetes Prinzip übrigens), oder ob man sich entschließt, einer der Parteien Hilfe zu leisten, mit der Waffe, ist schwer. Ich glaube, nach den Erfahrungen die ich habe, daß es fragwürdig ist, wenn eine Regierung diese Entscheidung für den Einzelnen trifft. Auch keine sogenannte internationale Organisation, kein Militärbündnis kann dem künftig Kämpfenden seine Verantwortung abnehmen. Nur Söldner haben Befehlen widerspruchslos zu folgen. In Deutschland, darauf dürfen wir stolz sein, gibt es keine Söldner. Wir haben Staatsbürger in Uniform. Jeder von ihnen müßte selbst ganz persönlich darüber entscheiden, was er im Konfliktfall tut oder läßt. Aber wie sieht die Realität aus?

Einheiten der Bundesmarine in der Adria. Luftwaffe (mit Transportern) über Bosnien, in der Debatte die AWACS-Besatzungen. So beginnt der schrittweise Einstieg in einen Krieg. (Übrigens, auch mit der Aneignung der Luftherrschaft über dem betreffenden Territorium beginnt er). Und - wer hat ein Mandate einen militärischen Feldzug gegen Völkermord zu beginnen? Von wem stammt es? Von der UNO? Eigenartig, daß sie den Vietnamkrieg trotz Anwendung von Massentötungsmitteln und chemischen Giften nicht als Völkermord empfunden hat, nicht die Massenmorde in Tibet, das was in Timor geschah, und und und...

Was sollen Bundeswehrsoldaten, jung und schnell begeisterungsfähig, wie wir alle es einmal waren, eines Tages (möglichen) Richtern antworten, die ihnen eventuell vorhalten, in fremdem Land getötet zu haben? Sich hilflos auf den Befehl eines Ministers (oder Generalsekretärs) berufen, der dann wahrscheinlich nicht mehr im Amt ist? Und dessen Nachfolger nicht für die Fehler des Vorgängers hinhalten möchte, wie man es ja in der Politik öfters hat?

Diese Welt ist konkret. Moralisten sind ehrenwerte Leute. In der gesellschaftlichen Praxis geraten sie sehr leicht unter sogenannte (oder herbeigeredete) Sachzwänge, die sie lähmen. Sie wirken hilflos, sobald sie der unerbittlichen, unmoralischen Realität ausgesetzt sind. Noch ist das so, und noch können wir uns alle nur wünschen, daß doch lieber die Visionen der Moralisten obsiegen als jene der sogenannten "Realpolitiker". Die erfinden alle möglichen Parolen, mit denen sie jungen Leuten die Entscheidung über die Teilnahme an einem Krieg in fremdem Land aus der Hand nehmen wollen. Sie bagatellisieren diese persönliche Entscheidung, als handle es sich bei "friedensschaffenden Maßnahmen" um Ordnungsrufe auf einem Schulhof, wenn in der Pause die Temperamente dort etwas überschäumen.

Eine der für Deutschland typischen Argumentationen höre ich gegenwärtig oft von Regierenden: Die Bundesrepublik muß endlich wieder "international handlungsfähig" werden.

Wird man in in Deutschland nicht endlich einmal unter internationaler Handlungsfähigkeit etwas anderes verstehen als militärische Aktionen?

Ich melde meine Bedenken an. Vielleicht hört sie niemand und vielleicht beschimpft mich ja einer deswegen, trotzdem möchte ich sagen: Es sind nicht einmal drei Jahre vergangen, da jubelte die Jugend aus Deutschland West und Ost gemeinsam über die friedlich verlaufene Vereinigung nach fünfundvierzigjähriger Teilung. Sekt perlte fröhlich am Brandenburger Tor. Und schon heute müssen die gleichen jungen Deutschen damit rechnen, in einen Krieg zu ziehen. (Es ist nichts anderes als ein Krieg. Alle Tricks, die Sache als "technische Friedensmission" oder etwas ähnlich Harmloses darzustellen, sind Irreführung. Das sagt einer, der selbst schon irregeführt wurde und weiß, wie man sich danach fühlt. Wenn man überlebt.) Nein, im dritten Jahr nach der Vereinigung hat wohl niemand so leicht Deutschland an der Schwelle von Kriegshandlungen vermutet, damals am Brandenburger Tor.

Während des Vietnamkrieges lag ich einmal in einem vietnamesischen Lazarett. Sie brachten einen bewußtlosen amerikanischen Piloten in die Hütte, in der ich untergebracht war. Gepflegt wurde er - wie auch ich - von einer jungen Vietnamesin, die längere Zeit zuvor in einen Napalmschlag der US-Luftwaffe geraten war. Ihr Gesicht bestand nur noch aus Narben, die Haut um die tief in den Höhlen liegenden Augen herum erinnerte an Chagrinleder. Der Amerikaner rief weinend Gott um Hilfe an, als er das erste Mal die Augen aufschlug und just dieses Gesicht der Vietnamesin vor sich sah, die ihm gerade die trockenen Lippen mit einem nassen Schwamm befeuchtete.

Ich half mit, ihn zu beruhigen, indem ich in seiner Muttersprache auf ihn einredete. Nach und nach faßte er sich. Fragte, was das für ein Wesen sei. Ich fragte zurück, ob er wirklich keine Ahnung hätte, wie Leute aussehen, auf die er seine Last abwirft. Er hatte keine. Sagte er. Ich glaubte ihm. Auch als er mir viel später, als wir bei einer Pfeife Tabak vor der Hütte saßen, anvertraute, das mit dem Gesicht des Mädchens, nein, das habe er nicht so gewollt, eigentlich sei er ja nur hier, um den Vietnamesen die Freiheit zu bringen. Und dann, wie um sich zu rechtfertigen, verwies er auf den Befehl, der ihn in das Land gebracht hatte, auf seine Regierung, die von ihm verlangt habe...

Ich frage mich seither immer öfter, was es der Welt wohl hilft, wenn ein einzelner Mensch zu solchen Erkenntnissen kommt, wie jener Pilot. Wie viele Erkenntnisse dieser Art befördert unsere schnellebige Zivilisation schon nach kurzer Zeit in den Orkus der Zeitgeschichte?

Übrigens schreibt der Amerikaner mir gelegentlich. Auf diese Weise erfuhr ich auch, daß sein Sohn bereits Leutnant in der Air Force ist. Er dient in Frankfurt/Main Air Base. Fliegt eine C-130.

Gerade höre ich, in Kambodscha sind drei bulgarische Soldaten der UNO-Friedenstruppe von Roten Khmer erschossen worden.

Bulgarien hat internationale Hanldlungsfähigkeit bewiesen. Die Namen der drei Toten wurden in der Meldung nicht erwähnt.

Sonntag, 4. April 1993

Die Sonne lockt mich heraus. Ungewohntes Vergnügen, nach einem langen, harten Winter. Langsam wandere ich die an diesem Tag nicht von Autos überfüllten Straßen entlang, erinnere mich an die Zeit, in der Leute noch nicht von einem Kraftfahrzeug abhängig waren und trotzdem - oder gerade deshalb - zufrieden lebten.

Ich habe errechnet, daß ich (bei insgesamt fünf Kilometer Hin- und Rückweg) während der acht Volksschuljahre in meiner damals von Kraftfahrzeugen noch wenig heimgesuchten Heimatstadt insgesamt Zehntausend Kilometer zu Fuß zurückgelegt habe. Jedes Jahr Eintausendzweihundertfünfzig. Das war allerdings nur der reine Schulweg. Was wir nach der Schule oder in den Ferien noch an Strecken zurücklegten, summiert sich gut und gerne noch einmal auf die gleiche Zahl. Wobei ich hinzufügen muß, es handelt sich um bergiges Terrain. Unsere Stadt lag im Vorgelände des Altvatergebirges.

Heute macht es mir schon Schwierigkeiten, bergauf zu marschieren. Ich schreibe es einigen schlecht auskurierten Tropenkrankheiten zu, die ich in Fernost gerade so überlebte. In späteren Jahren stellen sich dann unweigerlich die Folgen ein.

Trotzdem würde ich, auch wenn ich damals die Risiken genauer gekannt hätte, nie auf Fernost verzichtet haben. Entscheidende Impulse für mein Leben habe ich dort empfangen. Und - der Blick auf mein eigenes Land formte sich freier, wie ich feststellte, klarer, illusionsloser. Dafür nimmt man es schon in Kauf, daß man im Alter nur noch langsam, nach Luft ringend, bergauf gehen kann.

Wieder vor meiner Haustür angekommen, steht da die Frau.

Jung noch, aber kein Mädchen mehr. Eine Fremde. Ich könnte nicht sagen, woher ich das weiß, es ist Gespür, der Blick für Ungewohntes in Kleidung, Aussehen.

Ob ich etwas Geld für sie hätte...

Die Kleidung ist abgetragen. Ihr Haar könnte etwas Pflege brauchen. An der rissigen Haut der Hände erkenne ich, daß ihr Zupacken nicht fremd ist. Ihre Augen sind sehr dunkel.

Sie sagt: "Rumänien". Ich erfahre, daß sie zwei Kinder hat, die gerade das Laufen erlernt haben. Der Mann?

Sie bewegt müde die Schultern. Will wohl nicht darüber reden.

Ihr Deutsch ist vielleicht nicht gut genug, um auszudrücken, was zu sagen wäre, also läßt sie es.

Sie hat einen Antrag auf Asyl gestellt. Noch kein Bescheid.

Als ich wissen will, ob sie verfolgt worden ist, zuhause, weicht sie aus. Spricht von der Polizei, von "schlechten Leuten", und immer wieder beteuert sie, als sei das eine Standarderklärung: "Kein gutes Leben mehr. Kein nichts. Alles schlecht."

In der Politikersprache würde man so etwas einen Wirtschaftsflüchtling nennen. Nüchtern. Sachlich. Bürokratisch. Unmenschlich. (Wenn man so will, kann man das als Stationen der Steigerung sehen). Wo sie untergebracht sind, die Einwanderer, weiß ich. Das ist ein von den russischen Soldatenfamilien geräumtes und dementsprechend aussehendes Haus, notdürftig gereinigt und hergerichtet. Es liegt kilometerweit entfernt. Wie sie ausgerechnet in unsere Wohngegend kommt? Sie sagt, sie war in der Kirche. Messe am Sonntag. Danach habe sie an der Tür die Hand aufgehalten. Sie zeigt mir, was einkam. Ich schätze es auf drei Mark in Kleingeld. Und am Schluß sei sie hinter einem sehr gut gekleideten Ehepaar hergelaufen. In gebührendem Abstand. Die beiden hatten gesagt, sie hätten kein Geld bei sich. Zuhause...

"Es ist da oben..." bedeutet sie mir und zeigt bergauf. Ein paar Mehrfamilienhäuser, eine Riesenvilla voller

Banker aus westlichen Gefilden, Einfamilienhäuser mit Ärzten, Beamtenr, Staatsbediensteten. Alles Leute mit respektablem Einkommen. Sie zeigt mir ein Markstück. "Gute Leute."

Was sie heute früh gegessen habe, will ich wissen.

"Brot. Marmelade. Saft. Deutsche Hilfe."

Sie scheint ihre anfängliche Scheu zu verlieren, als ich mich mit ihr unterhalte. Ihr Gesicht wirkt weniger verschlossen. Eigentlich eine ansehnliche Frau. Aber - was macht Armut aus Menschen? Not? Ich erinnere mich, daß dieser Gedanke mir vor mehr als einem Jahrzehnt auch ankam, als ich in Kambodscha Überlebende der jahrelangen Massaker sah, die ich zuvor gekannt hatte. Einige der Frauen, die ich wiedertraf, ausgemergelt, verzweifelt, abgerissen, hungrig nach einer Handvoll Reis, verursachten mir damals ähnliche Überlegungen: Not macht Zerrbilder aus Menschen. Doch das ist nur ein äußerer Eindruck. Denn Not ist auch die große Erfahrung für die Seele. Wer sie verarbeitet, wird für den Rest seines Lebens maßvoll sein, mitfühlend, um Gerechtigkeit besorgt.

Wer sie nicht verarbeitet, wird zum Wolf.

Was sie in Deutschland machen möchte, wenn man ihr erlaubt, zu bleiben, frage ich die Frau. Sie denkt nicht lange nach. "Arbeiten. Für meine Kinder."

Man hat ihr zuhause gesagt, die Deutschen wären ein reiches Volk. Sie würden schmutzige Tätigkeiten nicht mehr so gern ausüben. Da könne ein Zuwanderer immer Arbeit bekommen. Gut verdienen. Deutschland sei ein reiches Land. Die Leute würden defekte Schuhe beispielsweise nicht mehr reparieren lassen, sie würfen sie weg und kauften neue. Bei Kleidern wäre das auch so.

"Mein Vater war Schuhmacher," vertraut sie mir an. "Ich habe manchmal schöne Schuhe, die er reparierte, heimlich einen Tag lang getragen..."

Sie lacht. Wenn der Mensch lacht, ist er schön, heißt es in einem alten indischen Epos. Eine Feststellung, die ich wohl deshalb so lange behalten habe, weil ihre Stimmigkeit sich mir immer wieder bewies.

Die Frau hat Kinder, sie hat Eltern gehabt, ein Zuhause. Sie ist weggegangen, weil sie in Not war, nach Deutschland, dem reichen Traumland, und sie ist wieder in Not.

Vielleicht schickt man sie ja auch zurück. Was dann? Wird sie Deutschland als Traum bewahren? Oder wird sie es hassen, weil es seine Tore verschloß? Was sind Vorschriften, Quoten wert, wenn ein Mensch einen anblickt? Wenn man nur einmal hinzusehen braucht, um zu wissen, daß er nicht nur in Not ist, sondern glaubt, den rettenden Strand erreicht zu haben?

"Ich kann arbeiten," sagt die Frau leichthin. Weiß nicht, daß es in diesem Traumland eine zweistellige Prozentzahl von Leuten gibt, die genau das auch sagen: "Ich kann arbeiten." Und dann bitter anfügen: "Aber es gibt keine Arbeit mehr für mich."

Oder weiß sie das? Wie fern ist Deutschland der rumänischen Lebensöde? Ist es dort überhaupt noch begreifbar, in seinem nach außen gekehrten, zur Schau gestellten Scheinüberfluß? Und - wird es für eine Frau wie diese, die schon angekommen ist, nicht doch unbegreifbar bleiben? Gerade weil sie es nun hautnah erlebt hat. Erleidet?

Eine Antwort finde ich nicht. Alles was ich tun kann, ist, in die Tasche zu greifen und ihr etwas Geld zu geben.

Ich kann verhindern, daß sie mir in übersprudelnder Dankbarkeit die Hand küßt. Ein bißchen schäme ich mich. Kann man sich für alles Elend dieser Welt mitverantwortlich fühlen? Obwohl es nicht einmal direkt von Deutschen angerichtet wurde, sondern einem üblen Gemisch aus Kolonialisten, internationalen Geschäftemachern, einheimischen Politikern und sonstigen Betrügern, eigenen und fremden?

Ich schäme mich, weil ich mich dabei ertappe, daß

mein Mitleid mit dieser Frau seine Entsprechung findet in dem Gefühl, helfen zu müssen, wenn ich unterwegs ein ausgesetztes Kätzchen finde...

Eine Stunde später rollen vor mir auf dem Fernsehschirm die Bilder der Woche ab: Französische Bauern kippen Kartoffeln als Barrikaden auf die Straßen, Kieler Fischer verwüsten eine riesige Ladung von skandinavischem Fisch, als er mit der Fähre ankommt. Wieviele solche Frauen, wie die da eben, und ihre Kinder könnten von dem was unsere sogenannte Zivilisation zerstört, um sich selbst zu erhalten, satt, werden?

Was ist aus unserer Welt geworden? Was aus uns?

Der Sonntag ist mir verdorben. Ist es nur der Sonntag? Ich erinnere mich an meine Schulzeit, in der unser Lehrer uns als Gipfel der Perversität schilderte, wie südamerikanische Kaffeeproduzenten ihre Ernte in Lokomotiven verbrannten, nur um die Preise zu halten. Um diese Zeit kannten Leute wie wir von "Bohnenkaffee" erst bestenfalls den Geruch. Wir tranken Gerstenkaffee. Ich erinnere mich nicht, daß ich damals ans Auswandern nach Südamerika dachte.

Abwegiges Beispiel? Oder abwegige Welt?

Montag, 5. April 1993

Eine meiner liebsten Freizeitbeschäftigungen war (und ist, in Grenzen) das Sammeln von Zeitschriften aus aller Herren Länder. Interessant, welche Wandlungen in den Ansichten etwa eines Politikers (aber auch eines Rezensenten) man da aus einigen Jahrgängen alter Publikationen herauslesen kann.

"Was kümmert mich mein Geschwätz von gestern!" Dieser flotte Spruch läßt jeden Zeitschriftensammler nur milde lächeln: Er ist zu harmlos, um zu umreißen, wie ungehemmt vorgestern und gestern gelogen wurde und heute wieder gelogen wird. Ich stoße bei, gelegentlich notwendigen Aussortierungsarbeiten auf den Bericht des Club of Rome aus dem Jahr 1991. (Wie man weiß, ist dieser Club eine lockere Gesellschaft von geistig regen Menschen aus vielen Ländern und Berufen. Meist sind sie nicht so begütert wie die Mitglieder des Lion Clubs oder die Rotarier, aber dafür verfügen sie über Intelligenz und Vorstellungsvermögen.) Ich zeichne diese Begegnung mit dem Club nicht auf, um Lügen nachzuweisen, nein, im Gegenteil, ich zeichne sie auf, um eine andere Facette des Zeitschriftensammelns aufleuchten zu lassen: Man kann dabei nämlich auch anschaulich bewiesen bekommen, daß Wahrheiten nicht gern gehört, oder daß sie einfach gedruckt und schnellstens vergessen werden. Damit niemand beschädigt wird.

Ich habe mich rasiert bei Skandalmeldungen über einen (heute wahrlich nur einen!) deutschen Minister, einen ehemaligen italienischen Premier und das AWACS-Gerangel der deutschen Regierung. In der Morgenzeitung dann las ich die Namen von Lokalpolitikern, denen verschiedene Unregelmäßigkeiten nachgesagt werden. Auch der Oberbürgermeister der Stadt ist erwähnt. Seine Regierungspraktiken erregen ziemlichen Anstoß. Er kommt aus einem westlichen Bundesland.

Das weiß ich über ihn. Mehr nicht. Und plötzlich fällt mir auf, daß ich eigentlich alle diese Leute die meine Stadt regieren, oder das Bundesland Thüringen gar nicht kenne. Von den Bundesministern gibt es gelegentlich, wenn sie ins Gerede kommen, wenigstens doch mal einen Hinweis, wer sie eigentlich sind, wer sie einmal waren, auf welche Weise sie zu ihrem Posten gekommen sind, zu ihrem Professorentitel und dergleichen mehr. Das scheint aber schon alles zu sein, was man dem Bürger an Kenntnissen über jene, die ihn regieren, zumuten möchte.

Im Land, in der Kommune, stößt man höchstens einmal in alten Zeitungen auf einen Namen der heute plötzlich ganz andersfarbigen Glanz hat, und man schmunzelt über ein Zitat. Oder man entdeckt die hochpolitisch gewordene Pfarrerstochter von heute bei der feierlichen Entgegennehme des Pionierhalstuches vorgestern. Harmlose Belustigungen sind das. Wir alle haben unsere Biografien. Obwohl manche sie aus Opportunitätsgründen gern verstecken. Was solls? Ohne Vergangenheit gibt es keine Gegenwart. Und selbst wenn man früher noch nicht nach heutigen Regeln gelebt hat, so ist das doch eigene Vergangenheit. Eigene bitte!

Kritisch scheint mir, wenn ich so in meinen Papierstapeln wühlend, entdecke, daß öffentliche Ämter heute mit Leuten besetzt sind, deren Biografien ebenso verschlossen bleiben wie der Umfang ihrer fachlichen Befähigung, falls vorhanden. Über jeden Schauspieler oder TV-Moderator kann ich (wenn ich will) in der Regenbogenpresse lesen, wie oft er geschieden ist, ob er Kinder hat, diese schlägt, oder gar seine Frau, ob er trinkt, ob er in Mathe durchgefallen ist, ob er...

Wer sagt mir, wie einige unserer neuen politischen Repräsentanten beispielsweise ihren Doktorgrad erwarben? (In der DDR, sicher, und in entsprechendem Rahmen, aber darüber wollen wir nicht richten). Worüber sie promovierten? Wie jemand mit einer heute stark vorgekehrten (angeblich schon immer gehabten) freiheitlich-demokratischen Gesinnung es schaffen konnte, während der sogenannten Diktatur des Proletariats auch noch zum Professor ernannt zu werden? Was er dafür eventuell an Konzessionen machen mußte...

Als Zeitschriftensammler entdecke ich da einen auffälligen Mangel an Ehrlichkeit. Und das gerade bei Leuten, die sehr gern öffentliche Offenbarungsbereitschaft von anderen fordern. Gehört die nicht vielmehr zu einem öffentlichen Amt? Oder? Muß immer erst ein Skandal bewerkstelligen, daß das Leben, der Werdegang, die persönliche Moral, auch die Summe der Konzessionen an die voraufgegangene Gesellschaft aufgeblättert werden? Daß man plötzlich erfährt, der Herr Minister war ja einst FDJ-Sekretär an der Hochschule!

Warum kann ich die Leute, die ich ja wählen soll, nicht so gut kennen wie meinen Nachbarn? Wo sie doch für mich weit mehr Verantwortung bekommen als es bei meinem Nachbarn der Fall ist! Ich möchte nicht etwa die öffentliche Ohrenbeichte für Politiker eingeführt sehen. Solcher Unsinn wäre mir zuwider. Ich möchte eigentlich nur etwas genauer wissen, mit wem ich es zu tun habe. Als Regierter. Als Wähler. Darf man noch sagen: Als mündiger Bürger, der die Wahl eines Politikers durchaus nicht von der Kompliziertheit der Biografie des Betreffenden abhängig machen möchte, weil er weiß, wie solche Biografien zustande kamen?

Ich weiß, ich weiß, man wird den Wunsch mißverstehen. Man sollte nicht. Es handelt sich nicht um eine Schrulle oder ein heimtückisches Ansinnen, es handelt sich um ein Problem der Demokratie. Von der sagt der Bericht 1991 des Club of Rome, den ich aus meinem Archiv herauswühlte, folgendes: " ...In ihrer heute praktizierten Form ist die Demokratie für die vor uns liegenden Aufgaben nicht mehr besonders gut geeignet..."

Als Begründung wird angegeben: " ...Die Komplexität und die technische Natur vieler Probleme gestatten es den gewählten Volksvertretern nicht immer, zur rechten Zeit kompetente Entscheidungen zu treffen..."

Da liegt wohl ein goldenes Stück Wahrheit auf dem Tisch, und wie über jede Wahrheit kann man auch über diese trefflich streiten. Weil es viele Wahrheiten gibt. (Günter Nenning sagt, die Wahrheit ist Stückwerk. Sie setzt sich zusammen aus der Wahrheit der Sieger, der Wahrheit der Besiegten, der Wahrheit der Rächer und ihrer Opfer, der schuldigen und unschuldigen). Auch darüber übrigens läßt sich streiten. Der Club of Rome setzt da, wenn ich es recht deute, ein Fragezeichen hinter - sagen wir mal, einen Gesundheitsminister der Architekt von Beruf ist, oder einen Bauminister, der das ehrenhafte Handwerk des Frisörs erlernte. Unversehens fand ich mich beim Wühlen in bedrucktem Papier vor die Einsicht gestellt, daß es sich (in der vom Club of Rome angerissenen Problematik) nicht so sehr um Personen selbst handelt, eher um die Art und Weise, in der Parteien durch solche Personen Macht ausüben lassen und Maßnahmen treffen, von denen sie behaupten, sie lägen im Interesse der Bürger. (Welcher Schicht von Bürgern, das bleibt bei solchen Behauptungen meist offen). Der 1991er Club of Rome stellte dazu fest: "...Die Tätigkeit der politischen Parteien kreist so sehr um Wahltermine und Rivalitäten, daß diese Parteien die Demokratie, der sie dienen sollen, damit inzwischen eher schädigen...

Eine brutale Feststellung. Ich werde längere Zeit darüber nachzudenken haben. Aber bevor ich mich aus meiner Papierkatakombe wieder ins freundlichere Leben zurück begebe, fällt mir noch ein auf Politiker gemünzter altchinesischer Aphorismus in die Hände. Den hatte ich fast schon vergessen, dabei ist er so aktuell: "Je höher ein Affe klettert, desto deutlicher kann man seinen Hintern sehen".Der Wunsch, mehr Frauen in der Politik zu haben, erscheint mir nach der Rückkehr aus meinem Archiv plötzlich in einem ganz neuen Licht.

Dienstag, 6. April 1993

Sonne. Frühlingsluft. Vorösterliches Wetter. Und Besuch: I. aus dem Taunus, die liebe alte Freundin seit Jahrzehnten, ist da. Sitze im Garten, der noch etwas vom Winter hat. Zwischen dem Erzählen lese ich gesammelte Sprüche. Wild durcheinander. Ein lieber Zeitvertreib auch, während die Frauen Kaffee bereiten oder Essen.

Ich verbringe manchmal einen Tag so wie diesen. Und hier der Spruch, der mir in der heutigen Stimmung am meisten zu sagen hatte:

Wer des Königs Vorteil dient,
zieht des Volkes Haß sich zu.
Wer des Landes Vorteil dient,
der verliert des Königs Gunst.
(Stammt aus dem Pantschatantra).

Mittwoch, 7.April 1993

Von gestern ist mir noch ein Sinnspruch des Literatur-Nobelpreisträgers Octavio Paz in Erinnerung, der heute plötzlich seine exemplarische Bedeutung bekommt: "Schriftsteller sind die Bettler der westlichen Gesellschaft".

Mit meinem Berliner Verlag habe ich telefoniert. Man kann mir nicht sagen, wie es dort weitergeht. Es fallen böse Worte über die sogenannte "Treuhandgesellschaft", jene Einrichtung, die ehemaliges Staats- oder Volkseigentum zu privatisieren hat. Dabei erweist sie sich einerseits als Hemmschuh, und das ziemlich oft, andererseits scheinen bei der Auswahl der Käufer zuweilen Wege begangen zu werden, die sich mit den Maßstäben menschlicher Ehrlichkeit nicht gut messen lassen. Man kennt das von früher, wo jede absolut nicht mehr plausible Maßnahme, wer immer sie auch traf, meist mit dem unanfechtbaren Hinweis gerechtfertigt wurde: "Das ist eine notwendige politische Entscheidung".

In diesem Sinne scheint alles was die Treuhand entscheidet, politisch notwendig zu sein.

Mir ist dieses ganze Verfahren ziemlich suspekt. Zumal der Mensch bekanntlich schwach ist, wenn sich ihm Chancen zur persönlichen Bereicherung bieten. Dazu muß man nicht unbedingt Professor (DDR-Ernennung) und Minister (BRD-Berufung) mit Haushaltshilfe sein.

Jedenfalls sagte mir mein Verleger: "Hier gehen derzeit schlimme Dinge vor sich." Verlage in den östlichen Ländern Deutschlands werden, so scheint es mir, systematisch, allerdings ohne Aufsehen, zugrunde gerichtet. Nur in seltenen Fällen gelingt einem Privatmann der Ankauf. Zugrunde gerichtet werden hierzulande aber nicht nur Verlage, diese sind ja auch die Lebensgrundlage für hunderte von Autoren. Sie werden auf diese Weise mundtot gemacht, abgesehen von der sozialen Misere, in die sie stürzen, wenn sie nicht längst darin sind.

Nun läßt die eifrige Vernichtungsaktion (sie wird gern "Privatisierung" genannt, obwohl sie das wohl nicht vorrangig ist, ich meine schon, das Ziel des Mittels Privatisierung ist die Sicherung der geistigen Umprofilierung) durchaus den Schluß zu, daß es sich hier nicht nur um die unvermeidliche Umstellung ehemals volkseigener Betriebe handelt. Wie alles was mit dem zusammenhängt, was viele "DDR-Literatur" nannten, geht es um Macht. Geistige.

Ich persönlich halte nicht viel von der Bezeichnung DDR-Literatur. Was über fünfundvierzig Jahre in diesem Teil des Landes entstand, der unter besonderen politischen, kulturellen, wirtschaftlichen und militärischen Bedingungen zu leben hatte, teils unter Besatzungsrecht, oder unter den vom RGW-Moskau oder dem Warschauer Pakt im Zuge des Kalten Krieges gesetzten Normen, ist schon auch deutsche Literatur. Da aber am Zustandekommen dieser Sachlage im Osten der westliche Teil Deutschlands nicht etwa unbeteiligt war, man das allerdings bei den Siegern des Kalten Krieges und des ökonomischen Krieges nicht so gern hört, soll das, was mit dem Begriff "DDR-Literatur" gefaßt wird, möglichst spurenlos ausgelöscht werden. Vergessen. Eine nicht erwähnenswerte Episode, von fünfzig Jahren.

Das Spiel begann mit der pauschalen Verteufelung von Ost-Autoren: Nutznießer, Anpasser, Privilegiennehmer etc. Die neuen Medien taten sich bei dieser Hatz besonders hervor. Sie machten sich zum Anwalt von "Vergangenheitsbewältigung" in einem Maße, das die Vermutung nahelegte, sie hätten sich etwa von Globke über Filbinger bis Kissinger der gleichen Geschäftigkeit befleißigt. Die Vermutung ist falsch. So bleibt der Enthusiasmus der Vergangenheitsbewältiger zumindest das was man eine ziemlich einseitig gezielte Aufforderung nennen kann.

Weiter ging es damit, daß einzelne bekanntere Autoren der Ostländer zum Objekt von Skandalkampagnen gemacht wurden, jener öffentlichen Waffe zur Ausschaltung von Unliebsamen. Man strich Leute sozusagen schwarz an. Für die in Sachen Rufmord unerfahrenen Ost-Autoren entstand eine recht schwierige Situation, in der sie sich nicht zurechtfanden. Und da wo Ost-Autoren nun wirklich das taten, was die Zeit ihnen signalisierte, nämlich sich die Muße für ein gründliches (und weiß Gott nötiges) Überdenken des eigenen bisherigen Weges nahmen, statt Tagesblech oder Politbürohintertreppenstories zu schreiben, verschwanden sie schnell aus dem Angebot: "Der Autor ist mit seiner Vergangenheit beschäftigt und schreibt nichts mehr..."

Das Angebot! Da setzte der nächste Hebel an. Bei den Großvertrieben. Es wäre peinlich, das aufzuführen, was von ihnen an Arbeiten der "Ost-Autoren" gelistet wird. Auf diese Weise wird nur eine auserlesene Schar (besser ein Häufchen) ostdeutscher Geschichtenerzähler das was man "gesamtdeutsche Schriftsteller" nennen könnte. Der unübersehbar große Rest bleibt "ungelistet", "nicht verlangt", paßt nicht ins Programm der Drehregale zwischen Autoshampoon und grünen Gurken im Supermarkt. Von Buchhandlungen, in denen die Stellfläche stets schon gut bezahlt wurde, gar nicht zu reden. Es bleibt ein bißchen Feature beim Rundfunk, Werbezeug, Feuilleton, Lesungen.

Da die Ost-Autoren aber immer noch nicht ganz tot sind, geht es jetzt intensiv an ihre Verlage. Die Verleger in den westlichen Bundesländern sind lediglich an der oben angedeuteten handverlesenen Schar Vorzeigefiguren interessiert, es sind nicht ganz ein Dutzend, und ich spare mir die Charakteristiken. Was es sonst an Leuten im Osten gibt, die Geschichten zu erzählen verstehen, das soll möglichst "gestreamlined" werden, oder sollte ich sagen abgewickelt, um Platz für die Handverlesenen zu schaffen. Wenn einer dagegen aufmuckt, geschieht ihm das was meist der Fliege widerfährt (Fliege und Mensch haben die Gemeinsamkeit, daß sie von einer Zeitung erschlagen werden können!). Und sie können nach Lage der Dinge am besten "erschlagen" werden, indem man ihre Verlage, die sie ein Leben lang begleiteten und betreuten, per "Treuhand" in den Konkurs treibt, in die Liquidation...

Darüber mache ich mir heute so meine Gedanken, während ich mit meinem besorgten Verleger telefoniere. Und später stellte ich fest, daß nicht ich allein mir Gedanken über Vorgänge im neuen, freieren Deutschland mache. Da flatterte mir mit der Post die Erklärung des P.E.N. vom 3. 3. 1993. ins Haus, die mit den Worten beginnt: "Es muß besorgt machen, daß sich der Prozeß der Neuvereinigung Deutschlands mit der Aufgabe einer Reihe zivilisatorischer Fortschritte verbindet. Ähnlich wie nach der Reichseinigung von 1870/71 ist die demokratische Substanz, die den Einigungsprozeß trug, in Gefahr, verloren zu gehen..."

Ich werde den Verdacht nicht los, daß ein großer Teil davon bei Abfassung dieser Erklärung bereits verloren war.

Donnerstag, 8. April 1993

Man stelle sich vor: Da läuft eine verbiesterte Freundin zur Polizei und denunziert ihren Ehemaligen: Er plane einen Raubmord und sei bewaffnet.

Am nächsten Morgen vor Sonnenaufgang, schleicht sich ein polizeiliches SEK (das heißt Sondereinsatzkommando) in das Haus des Denunzierten, tritt ohne zu klingeln seine Tür ein, worauf dann sechs mit Gesichtsmasken und schußsicheren Westen ausgestattete, mit automatischen Waffen fuchtelnde Gestalten einen ahnungslosen Mann aus dem Bett zerren, ihn mit zwei Schüssen (Unterleib und Schulter) schwer verletzen, die Wohnung auf den Kopf stellen und dann (April, April!) weil sie nichts finden, das polizeilich auch nur zu beanstanden wäre, wieder abziehen.

So geschehen gestern in Düsseldorf.

Ich erinnere mich an einen in meiner Kinderzeit stets in SA-Uniform herumlaufenden trinkfesten und pöbelfreudigen Lehrerstudenten in meiner Geburtsstadt Zülz O/S. Vier Wochen vor Hitlers Machtergreifung trat (besser torkelte) er eines Abends ins Schützenhaus, trank an der Theke zwei Schnäpse und fiel tot um.

Er hieß Bruno Schramm und wurde so etwas wie der Lokal-Horst-Wessel vom Kreis Neustadt. (Sein Bild zierte die Stirnwand jeder Schulklasse, Straßen, waren nach ihm benannt: von den Kommunisten heimtückisch gemeuchelter Patriot).

Und da gab es den alten Jorek, der wohnte in der Siedlung, hatte acht Kinder, war links und schreibkundig. Was ihn für die braune Obrigkeit gefährlich machte. Es fand sich jemand (dessen Name nie bekannt wurde), der hatte angeblich gesehen, wie Bruno Schramm vom alten Jorek mit einer Zaunlatte (aus politischen Gründen natürlich) auf den Kopf gehauen worden war. Die Denunziation, wenngleich organisiert, klappte.

Jorek starb in Buchenwald. Seine Akte liegt in Arolsen. Seine jüngste Tochter, heute auch schon im reifen Alter, wie ich, die ich kannte, aus der gemeinsamen Schule, war an dem besagten Abend an der Hand ihres Vaters auf einem Spaziergang gewesen. Niemand fragte sie. Was sie ungefragt sagte, blieb ungehört.

Sie lebt heute im Schwarzwald. Manchmal schreiben wir uns. Wir wissen beide, was ein Denunziant anrichten kann.

Daß eine Denunziation heute schon wieder zwei Schüsse auf einen Arglosen herbeiführen kann, hat mich bestürzt. Ich bin mir darüber klar, daß es bei polizeilichen Aktionen Schäden geben kann, aber mich bewegt die Frage: Was löst in einem Staat wie dem unsrigen polizeiliche Aktionen aus? Genügt da wirklich schon wieder eine Denunziation? Oder war das ein Mißverständnis, das man bedauern muß, ohne weitergehende Überlegungen?

Der Sprecher der Polizeigewerkschaft, daraufhin befragt, erklärte lächelnden Gesichts, bei einer Anzeige dieser Art müsse selbstverständlich sofort gehandelt werden, und das hätten die SEK-Leute einwandfrei getan. An Ihrem Einsatz sei nichts zu bemängeln.

Er konnte mich damit nicht überzeugen. Ein Polizist weiß, wie gefährlich Schußwaffen sind. Schüsse auf eine reine Denunziation hin, die einen Mann zum Ziel haben, der nicht bewaffnet ist, passen nicht in das Bild, das der Rechtsstaat Deutschland bieten möchte.

Von jetzt ab werde ich mit Interesse verfolgen, was die Angehörigen von Bürgerrechtsorganisationen zu der Sache zu sagen haben. Schließlich wird Denunziation institutionalisiert, wenn mann sie ohne weiteres in einem Lande zum Anlaß für bewaffnete Überfälle auf Denunzierte nimmt und damit davonkommt. Auch wenn der Vorfall ganz gewiß nicht die Publicity bekommt, die sich um die Seitensprünge von Prinz Charles rankt, so müßten die scharfsichtigen Wahrer der Menschenrechte ihn doch wohl zur Kenntnis nehmen. Oder?

Freitag, 9. April 1993

Ich fange an, mich mit dem Entwurf einer Romanhandlung herumzuplagen. Aus dem Untergang einer Gesellschaftsordnung ist ebensoviel Geld herauszuschlagen wie aus dem Aufbau einer neuen. Das ist meine These. Auf unseren Straßen fahren genug Leute im Mercedes herum, die sie unbewußt bestätigen. Es wird eine Weile dauern, bis ich die Story beisammen habe. Da gibt es eine wahre Geschichte, die im Baltikum beginnt, aber die ist nur der Anfang der Sache. Vieles will da erfunden, von der Phantasie geschaffen werden, von einer Phantasie natürlich, die aus den Quellen der alle reine Phantasie überbietenden Realität gespeist wird...

Eben wird die höchstrichterliche Entscheidung bekannt, daß deutsche Soldaten künftig in einem fremden Land kriegerische Handlungen ausführen "dürfen". (Keine Frage, Spionageflüge von Feuerleitmaschinen sind Kriegshandlungen).

Mich hat das "dürfen" tödlich erschreckt. Selbst in meiner Jugendzeit, als wir alle die Monate zählten, hieß es, einer "muß" in den Krieg. Heute "darf" ein Deutscher. (Er hat die Ehre, das zu tun). Gäbe es heute noch zwei deutsche Staaten, so muß ich gerechterweise sagen, ich würde in dem meinen wohl so ketzerische Aufzeichnungen wie ich sie mache, nie veröffentlichen dürfen. Aber ich bin so gut wie sicher, keiner der beiden deutschen Staaten würde Soldaten auf den Balkan zu schicken wagen. Eigentlich sollten die Vier aus den Vier-Plus-Zwei-Gesprächen darüber nachdenken. Deutsche an die Front. Für Ordnung sorgen. Serbien auf die Knie zwingen, wie es ein Minister einmal forsch formulierte, bevor er vorsichtiger wurde. Vergewaltigte Frauen rächen?

Mitte der dreißiger Jahre war ich ein Schulbube. Damals verschwand mein Onkel W. Aber aus Gesprächen der Erwachsenen entnahm ich bald, daß er (er war Luftwaffenpilot) nicht etwa verunglückt war. Nein, viel später erzählte er mir es selber, er sei doch in Spanien gewesen. Bürgerkrieg. Legion Condor. Warum?

"Dort massakrieren die Roten die Leute, da muß ein anständiger Deutscher einfach eingreifen!"

Der gute Onkel W. flog dann weiter, bis zum Ende, als die neue deutsche Ordnung in Europa fehlgeschlagen war. Am Schluß ergab er sich den Engländern. Er bekam einen ruhigen Posten bei einer großen Chemiefirma.

Wiederholt sich Geschichte? Zumindest gibt es Erscheinungen, die Erinnerungen der unangenehmsten Art wecken, selbst wenn sie keine Kopie vergangener Geschichte sind.

Samstag, 10. April 1993

H.L. ruft an. Grüße zu Ostern. Der gute alte Freund gesteht mir, daß er das Geschehen auf dieser Welt im wesentlichen noch mit Kopfschütteln kommentiert. Kein Räsonnieren, kein Selbstmitleid, obwohl es ihm nicht sehr gut geht. Sein Verlag ist "abgewickelt", der Versuch, einen neuen Verleger zu gewinnen, ähnelt den verzweifelten Anstrengungen eines Mannes, der über fünfzig Jahre alt ist, in diesem Lande noch Arbeit zu finden. Als Ausbeutungsobjekt wird natürlich selbst ein Ost-Autor wie H.L. noch "mitgenommen". Schlechter Vertrag, kleine Auflage, niedrigstes Honorar - das geht allemal.

Auf den Straßen demonstrieren IG-Metaller mit Schildern wie "Wir wollen keine Deutschen zweiter Klasse sein". Sind wir das nicht schon längst?

H.L. erzählt von einem geschäftstüchtigen Kollegen, der den Schulbehörden oder dem Bildungsministerium ein paar Lesungen in Schulklassen abgeschwatzt hat. Die Erfahrung: Er las an den Ohren der anderweitig interessierten Schüler vorbei. Aber, so meint er, es war nicht umsonst, er hat Geld verdient dabei! Wenn das alles ist, was bei einer Begegnung von Autor und Publikum herauskommt, dann halte ich es für eine Pervertierung des Berufes. (Mit der Einschränkung, daß der Autor natürlich für das Trinkgeld zu danken hat, von dem er für einige Zeit seine Existenz bestreiten kann. Wenn er sparsam lebt).

Mir scheint, was sich da in Deutschland Literaturbetrieb nennt (zu dem ich nie gehörte, auch nicht gehören möchte), besteht aus einer Mischung von Stipendien, sogenannten Förderpreisen, Stadtschreiberstellen, klugem Geschwätz von Medienclowns (wie Becker sie nennt) und wachsamen Riesenverlagen, die aus der Schwäche des Lesers für ein Buch, einen Autor oder ein Thema blitzschnell und mit großem Aufwand das gigantische Geschäft machen. Oder die diese "Schwäche" ganz einfach hervorrufen, indem sie vermittels ihrer Millionenbudgets für Reklame einem infantilen Publikum suggerieren, dieses oder jenes Buch sei eben "in", und wenn man auch "in" sein wolle, was jedermanns Bestreben zu sein hat, müsse man das kaufen.

Der Erzähler selbst ist zum Statisten in diesem Jahrmarkt geworden. Er kann sich zurückziehen und vor sich hin schreiben, mit Auflagen um die 300, oder er kann sich in das mediale Rattenrennen stürzen, in dem die öffentliche Blamage, die Verhöhnung, Verleumdung, die mundflinke Abstempelung als Unikum, Verrückter oder heiliger Narr die Auswahl darstellen. Ein Autor kann den Leuten unter dem Beifall der Medien weismachen, in seinem Kopf sitze ein kleines Männlein aus einer anderen Welt. Er kann auch behaupten, Gott selbst, den er genau beschreibt, pflege ihm nachts mit sanfter Stimme vorzugeben, was er zu dichten habe, und das tue er nun, zur Ehre Gottes, selbst wenn die gesamte Menschheit ihn schief ansehen sollte. Was sie nicht tun, denn die "gesamte Menschheit" gibts bekanntlich nicht.

Ein Autor kann sich zum Narren machen, so gut er kann. Oder er kann - was wenigen gestattet wird - in die Liga derer aufgenommen werden, die man als "nationale Dichter" vorzeigt. Was übrigens auch in der DDR durchaus üblich war. Wobei man gelegentlich die falsche Wahl traf. (Mißverständnisse in dieser Beziehung ruft allerdings heutzutage auch Günter Grass hervor, wenn er immer wieder gegen den Stachel löckt, nachdem er nun schon mal eine nationale Figur ist).

Das Panoptikum der Eitelkeit ist zum Ersatz für das geworden, was einmal Literatur war. Manche Texte erinnern an das Gestammel Gestörter. Andere kommen mir vor wie ein Nichts in Seidenpapier. Wobei das Seidenpapier sehr schön bunt schillert.

Ich habe versucht, Stephen King (50 Millionen

Auflage) zu lesen. Wenigstens eines seiner Horror-Bücher. Habe es nicht durchgestanden. Ist nicht mein Lesegeschmack. Aber was ich mit ehrlicher Bewunderung für die Aufrichtigkeit dieses Autors las, das war eine Bemerkung, die er über sich selbst machte, und die mir als Aussage über die Zeit viel bedeutsamer erscheint denn als eine über den Autor: "Als Autor kann ich meine Ängste, Unsicherheiten und Alpträume auf dem Papier dingfest machen. Meine Depression läßt sich vermarkten. Überall in der Welt gibt es Verrückte in Gummizellen, die dieses Glück nicht haben."

Man sollte ihn irgendwo zum Stadtschreiber machen, zum Lohn für seine Offenheit. Und ein Förderpreis gebührt ihm wohl auch. Oder?

Sonntag, 11. April 1993

In Buchenwald treffen sich die letzten Überlebenden des einstigen KZ-Lagers mit jüngeren Antifaschisten, Ostermarschierern, Friedensfreunden: 48 Jahre sind vergangen, seit der Befreiung. Höchster Repräsentant der Landesregierung, der deutschen Politik überhaupt ist der christdemokratische thüringer Landtagspräsident.

Heute steht Buchenwald leider nicht mehr nur für die Leiden der dort von den deutschen Nazis inhaftierten und getöteten Gegner ihres Gewaltregimes, sowie für Juden, Kriegsgefangene, Homosexuelle. Es steht auch für eine fünfstellige Zahl von ziemlich willkürlich durch die sowjetischen Besatzungsbehörden zusammengesuchten Nachkriegsdeutschen, die meist nach Denunziationen verhaftet und in das KZ gebracht wurden, wo sie starben, an Krankheiten, Hunger... Angeblich gefährliche Nazis. Bei den wenigsten war das der Fall. Viele kleine persönliche Rechnungen übrigens wurden damals beglichen. Für immer.

Historiker sind der Meinung, daß man in beiden Seiten dieser "Buchenwald-Medaille" Verbrechen zu sehen hat, daß man diese aber nicht einfach gleichsetzen kann. Die Ansicht scheint mir vernünftig. Schließlich sind zuerst in Buchenwald Verbrechen von Deutschen verübt worden. Als der Krieg dann nach Deutschland zurückkehrte, waren es die Besatzer, die im selben Buchenwald wirkten, die Sieger. Sie wären allerdings nie nach Buchenwald gekommen, wenn deutsche Soldaten nicht nach Rußland marschiert wären.

Und dann ist da der nicht ganz unbekannte Ausspruch Josef Stalins als der sich einmal über Besatzungspolitik äußerte: "Wer immer ein Gebiet besetzt, erlegt ihm auch sein eigenes gesellschaftliches System auf... Es kann gar nicht anders sein."

Es war in Ostdeutschland genau so. Wir bekamen

1945 das gesellschaftliche System der Sowjets übergestülpt. Dieses System, was immer man davon auch halten mag, hat unter anderem jenes "zweite" Buchenwald gezeitigt. (Und ein Staatswesen, das bis weit in die achtziger Jahre hinein Sicherheitsvorfeld der Sowjetunion war, das direkt oder indirekt von ihr dirigiert wurde. Herr Abrassimow, der vorletzte Botschafter der UdSSR im Staate DDR hört es vielleicht heute nicht mehr gern, aber man nannte ihn ob seiner dominierenden Rolle in der angeblich souveränen DDR-Politik weithin, und besonders unter den über hundert in Ost-Berlin akkreditierten ausländischen Botschaftern den "Generalgouverneur").

Nun ist es eine beklagenswerte Tatsache, daß Geschichte allzu oft Manipulationsobjekt der gerade Herrschenden zu sein pflegt. Sie ist das auch heute. Daß sie inzwischen außerdem zur Spielwiese politischer Instinktlosigkeit wird, erwies sich - nach nicht wenigen ähnlichen Beispielen - am Sonntag in Buchenwald.

Ein Herr, der bei Radio Frankfurt/Main Literaturkritik ausübt, und der getreu dem Spruch "Westprofis können alles besser" zu einem Vortrag geladen war, sagte den Versammelten, von denen nicht wenige um Angehörige und enge Freunde trauern, daß der Keim für Fehlentwicklungen und Vergehen der DDR-Politik genau dort, nämlich in Buchenwald gelegt wurde, und zwar vom internationalen Lagerkomitee.

Der (französische) Präsident des internationalan Komitees Buchenwald-Dora verließ die Szene unter lautem Protest. Viele andere folgten, angewidert vom Stuß des Redners, seinem Beispiel. Ob der naßforsche Vergangenheitsbewältiger wenigstens gemerkt hat, daß Buchenwald keine Gymnasialklasse ist, in der sich plötzlich ein Hinterbänkler melden kann:"Herr Lehrer, ich weiß was!"?

Als ich nach 1945 in Weimar Reporter war, interviewte ich eines Tages Ernst Busse, der in Buchenwald als

Häftling im Krankenbau hatte arbeiten müssen. Ich war darauf gefaßt, einen Mann anzutreffen, der dem Haß für das lebte, was ihm angetan worden war. Aber ich sah mich getäuscht. Kein Mann der Rache, eher ein sehr nachdenklicher Mensch. Er lehnte es ab, über das zu sprechen, was Alltag im Krankenbau gewesen war. Das alles sei so bestialisch gewesen, daß niemand, der es nicht selbst erlebt hatte, es verstehen und verarbeiten könnte. "Später," sagte er. "Alles was wir jetzt tun sollten, ist arbeiten, damit das Land wieder auf die Beine kommt. In hundert Jahren wird die Geschichte darüber urteilen, ob wir, die Häftlinge, vor uns selbst bestanden haben. Als Menschen in der Hölle."

Die hundert Jahre sind noch nicht um. Ernst Busse gibt es nicht mehr. Er wurde in den fünfziger,Jahren von sowjetischen Sicherheitsleuten auf eine Denunziation hin verhaftet, vor ein sogenanntes Tribunal der Besatzungsmacht gestellt und endete in einem sibirischen Lager. Wessen er angeklagt wurde, ist nicht bekannt. Übrigens war Ernst Busse Kommunist.

Montag, 12. April 1993

Ostermontag. Um 14 Uhr vollzieht sich ein historischer Vorgang, von dem ich noch nicht weiß, was er Europa beschert: Neben den AWACS-Spionageflugzeugen, die schon seit Monaten um Restjugoslawien kreisen (entgegen anderslautenden Beteuerungen auch vor dem fatalen Spruch von Karlsruhe mit deutschen Besatzungen) starten zum ersten Mal auch Kampfflugzeuge, um über Bosnien, wie es heißt, das Flugverbot der UNO zu kontrollieren. Die NATO, ein Verteidigungspakt, der nach seiner Satzung nicht außerhalb eines bestimmten Territoriums und nur zur Verteidigung der Mitgliedsländer operieren darf, wird zum ersten Mal in der Geschichte als Interventionsmacht tätig. Deutschland stellt dafür ebenfalls Soldaten. Vorerst, wie es heißt, Fachpersonal. Aber die Forderung, auch Kampfeinheiten abzukommandieren, ist schon auf dem Tisch.

Man verzeihe mir: Als der Radiosprecher verkündete, ab 14 Uhr flögen Kampfmaschinen (der NATO) über dem bosnischen Luftraum, setzte bei mir ein Schock der Erinnerung ein, an die am 1. September 1939, früh, aus dem Volksempfänger dröhnende Stimme: "Ab 5 Uhr 45 wird zurückgeschossen!" Der Hinweis auf die welthistorische Dimension fehlte damals nicht.

Er findet sich in vielen Kommentaren auch am heutigen Ostermontag. Die Meinungen teilen sich allerdings. Auch darüber, ob man sich in Bonn weiter damit rechtfertigen solle, das ganze Ausland habe fortwährend Deutschlands Einsatz verlangt. War das wirklich so? Und wäre nicht angesichts unserer Geschichte angebracht, unser Militär lediglich zum Schutz Deutschlands zu verwenden? Aber ich höre nur daß deutsche Militärs Angst haben, als "Drückeberger" bezeichnet zu werden. Als was man (mit Recht) die Generation deutscher Militärs vor ihnen bezeichnete, ist offenbar nicht mehr im Gedächtnis.

Mich irritiert die "Durchsetzung des UNO-Flugverbots" über einem Land, in dem es gar keine Flugzeuge am Himmel gibt. Weshalb diese kriegerische Maßnahme? Ganz andere Resolutionen der UNO werden schon seit vielen Jahren tatsächlich nicht befolgt, sie werden mit Gelächter ignoriert, aber das stört die UNO eigenartigerweise kaum. Sie würde wohl nie auf die Idee kommen, militärisches Gewicht zur Durchsetzung anwenden zu lassen (von der NATO). Ist es wahr, daß hier das Elend der Bevölkerung für die Entschlüsse einer UNO ins Feld geführt wird, die anderswo tatenlos zusah, etwa wie die Roten Khmer einige Millionen eigener Landsleute buchstäblich abschlachteten? Und die an verschiedenen Orten der Welt weiter zusieht? Vergißt jemand so schnell, daß die "Diplomaten" der Roten Khmer über die ganze Zeit ihrer Schlachterei als rechtmäßige Vertreter in der UNO saßen? Die Massenschlächter von Timor sitzen da heute noch, ebenfalls. Was ist mit den Palästina-Resolutionen? Ist die UNO in Nord-Irland völlig blind? Oder ... oder... oder...?

Mit Unterschieden dieser Art, die der forsche ägyptische Chef der UNO nie erklärt, komme ich schlecht zurecht. Und mit Gedanken wie diesem: Vermittels der über Bosnien, Ungarn und der Adria operierenden AWACS-Flugzeuge, das werden ehrliche Militärs bestätigen, kann man dieses ganze "Operationsgebiet" bis in den letzten Winkel aufklären, jede Kaserne, jede Geschützstellung, jeden Panzerpulk. Und die Kampfmaschinen, die jetzt über Bosnien "freie Jagd" fliegen, absolvieren ein exzellentes Trainingsprogramm, können sich an das Terrain, um das es geht, hervorragend gewöhnen. Zumal die Fotos der AWACS-Aufklärer ihnen zu dem Zeitpunkt, zu dem sie den (noch nicht erteilten) Befehl bekommen, Erdziele anzugreifen, unübertreffliche Koordinaten liefern.

Mir ist nie wohl zumute gewesen, wenn irgendwo ein Krieg losging. Bürgerkrieg, "historischer Verteidigungskampf" oder "heilige Mission". Aber ich werde von nun an mit der schrittweisen Eskalation des Bürgerkriegs auf dem Balkan zu einer großen internationalen Auseinandersetzung mit deutscher Beteiligung leben müssen. Wie wir alle. Besorgnis bereitet mir der Ausgang der Sache.

Amerika hatte sein Vietnam.

Die UdSSR hatte ihr Afghanistan.

Jetzt hat die NATO (unter deutscher Beteiligung) ihren Balkan.

Dienstag, 13.April 1993

Ich erinnere mich an ein Kloster in Kambodscha. Wir waren von Saigon aus bis My Tho gefahren, dann weiter südwärts bis Can Tho. Deltalandschaft, fettes, immer feuchtes Land, Wasserarme des Mekong mit verschilften Ufern. Schlangen. Moskitos. In der Ferne immer Palmen. Reiher in der klaren Luft. Einsame Fischer, die in einem Seitenarm ihr Netz durch brackiges, langsam fließendes Wasser ziehen. Viel gibt es nicht zu fischen. Der Fang wandert meist in die Gärtonnen, in denen Nuoc Mam hergestellt wird, die braune Fischsoße, nahrhaft, aber mit üblem Geruch behaftet.

Von Can Tho ging es mit einem Boot weiter, flußaufwärts, eine Strecke, die während des Krieges der "Run" der amerikanischen Mekong-Patrouillenboote gewesen war: Feuer vom Boot zum Ufer und vom Ufer auf das Boot. Vorbei. Die Landschaft war wieder voller Vögel, und wenn andere Boote uns entgegenkamen, winkten die Leute.

An der Grenze zu Kambodscha winkten die Grenzer uns durch. Kein Interesse an ausländischen Besuchern. Träger Alltag bei vierzig Grad im Schatten und nach dem Ende eines Krieges, der den Beweis erbracht hatte, daß Interventionen von außen nichts lösen, ob sie aus zivilen Beratern bestehen, aus humanitär Tätigen oder aus Tonnen von Sprengbomben, Chemikalien Napalm.

Die indochinesische Realität hatte 1975 endgültig die Sprüche der Militärs eingeholt, auch die der Ideologen und sogar die der engagierten Samariter.

Im Nachbarland Kambodscha, das ich zu den schönsten zähle, die ich kenne, wüteten die Khmer-Rouges, jene geistig verkommene Clique mit der Abdeckermentalität noch vier Jahre, ehe sie dann verjagt wurden. Ich wollte ein Stück Kambodscha wiedersehen, damals, nach der Hölle die es unter den Khmer Rouges gewesen war. Vielleicht, das war meine Hoffnung, war ja trotz der noch nicht geheilten Wunden wenigstens ein Teil des alten Zaubers zurückgekehrt, den das Land gehabt hatte.

Er war nicht zurückgekehrt, um es vorweg zu sagen. Als wir in Chan Doc einen Steg zum Anlegen fanden, war die Gegend menschenleer. Trümmer lagen herum, es stank. Ich war früher einmal in einem nicht weit entfernt liegenden Kloster eingekehrt, war ein paar Tage geblieben, weil diese Klöster nicht nur Betstätten sind, sie sind gleichzeitig Stätten der Gastfreundschaft. Also machten wir uns auf den Weg.

Das Kloster lag in dem kleinen Wäldchen, das ich in Erinnerung hatte, aber es war kaum wiederzuerkennen. Erinnerte mich an meine Heimatstadt 1945, als ich auch kaum die alten, vertrauten Plätze wiederfand, nur Dreck, Trümmer, Zeugnisse von Barbarei.

Zwei Mönche waren da. Sie erkannten mich. Hatten überlebt, weil sie vor den Barbaren nach Vietnam geflohen waren. Der Betsaal hatte kein Dach mehr, aber die Wände standen noch. Nur waren die farbenfrohen buddhistischen Wandmalereien meterhoch mit getrocknetem Menschenblut verschmiert: Das Gebäude war als Hinrichtungsslätte genutzt worden.

Die Mönche führten mich einige hundert Meter durch das Wäldchen, wo sie, wie sie sagten, zu arbeiten begonnen hatten. Sie zeigten mir eine Plattform aus Stämmen, auf die sie säuberlich menschliche Knochen und Schädel gestapelt hatten. "Wir haben alle Überreste, die in der Gegend herumlagen, von Ameisen und anderen Tieren sozusagen blankgenagt, aufgesammelt und errichten hier eine Gedenkstätte..."

Die Plattform hatte etwas von dem Magazin in Auschwitz an sich, wo die Schuhe liegen. Ich vermag selbst heute noch nicht zu sagen, ob mich die Auschwitzer Schuhe mehr angerührt haben als die kambodschanischen Menschenknochen. Ein Volk hatte seine eigenen

Schlächter hervorgebracht: Vierzig Prozent der Bevölkerung waren getötet worden, darunter neunzig Prozent des moslemischen Teils, ebensoviel Prozent aller Künstler, Lehrer und Ärzte. Völkermord. Die ihn verübten, systematisch, saßen in der UNO, rechtmäßig. Es gab keine Sanktionen, keine Blockade, es gab Schelte für das vietnamesische Nachbarland, als es das Sterben schließlich beendete. Am East River nannte man das Invasion. Und die Schlächter blieben noch lange in der UN0. Rechtmäßig. Da sie eng mit einer im Sicherheitsrat sitzenden Großmacht verbandelt sind, die auch die Waffen für sie liefert, wurden sie selbstverständlich nicht für ihre Untaten bestraft. Sie zogen sich nach Thailand zurück und rüsteten - gespeist aus internationalen Hilfsquellen, auch der UNO - für neue Taten. Prinz Sihanouk, der listenreiche politische Seiltänzer, der mit ihnen während ihres Mörderspiels kooperiert hatte, brachte schließlich so etwas wie nationale Gespräche in Gang. Man will eine neue Regierung wählen. Inzwischen haben sich die Khmer Rouges wieder auf den Kriegspfad begeben. Etwa ein halbes Dutzend sogenannter friedenssichernder UNO-Soldaten sind bereits von ihn getötet worden.

An all das erinnere ich mich, als ich die neuesten Meldungen über erschossene bulgarische "Blauhelme" lese. Die Khmer Rouges weigern sich, an den Wahlen teilzunehmen. Aus den von ihnen inzwischen beherrschten Landstrichen fliehen wieder die Menschen zu Hunderten in Richtung Vietnam. Es gibt für mich keinen Zweifel, da kommt der nächste Bürgerkrieg.

Die UNO-Truppen haben nichts weiter bewegt als ein bißchen Film in den Medien. Ob sie sich gegen die Khmer Rouges werden behaupten können, wenn die losschlagen, bezweifle ich. Es ist traurig, sich vorstellen zu müssen, daß dieses wunderschöne geschundene Land und sein durch die Hölle gegangenes, liebenswertes Volk vor einer neuen Runde der Barbarei stehen, die keiner verhindern kann. Will sie überhaupt jemand verhindern? Bei der UNO? Ich bin nicht sicher. Ich weiß nur, daß für die deutschen Bundeswehrsoldaten, die sich als Sanitäter in Kambodscha befinden, schwere Zeiten anbrechen.

Und ich hoffe, daß die Regierung meines Landes das Los solcher Truppenverbände in ihrer Vorstellung hat, wenn sie Befehle zum Einsatz junger Deutscher in anderen Ländern erläßt.

Kann man eine solche Hoffnung, verbunden mit der Bitte um Bedacht bei militärischen Entscheidungen heute noch aussprechen, ohne als banausischer, undeutscher Drückeberger und Feigling abgestempelt zu werden?

Mittwoch, 14. April 1993

Huong hat geschrieben, aus Saigon. (Ich kann mich an den Namen Ho-chi-Minh-Stadt nur schwer gewöhnen). Ly ist gestorben. Es tut weh, sie nicht mehr unter uns zu wissen. Vielleicht weil sie das war was man tapfer nennen muß.

Ich lernte sie in Saigon kennen. Aber das war nicht ihr Heimatort. Sie kam aus einem winzigen Dorf bei Bien Hoa. In dieser Stadt hatte sie das Lehrerstudium beendet, als der Ausbau zur großen Truppenbasis der US-Army begann. Damit diese Basis nicht so leicht von außen angegriffen werden konnte (das war bereits mehrmals geschehen), versprühten amerikanische Flugzeuge von dem Typ der jetzt über Bosnien Instant-Rationen abwirft, im weiten Umkreis riesige Mengen des Pflanzenvernichtungsmittels "Agent Orange", über den Wäldern und Buschzonen, auch über der Gegend, in der Ly's Heimatdorf lag.

Von achtzig Bewohnern starben binnen einiger Monate achtundfünfzig an den Folgen. "Agent Orange" enthält eine Dioxinkomponente, die beim Menschen schwerste Schäden verursacht, oft ein langwieriges Siechtum und dann den qualvollen Tod.

Als ich Ly damals traf, betreute sie in einem bei Saigon gelegenen Heim, einer ehemaligen Offiziersschule der Süd-Armee, Drogenkranke und Suchtgefährdete. Junge Leute, während der Kriegszeit in Saigon entwurzelt und verwahrlost. Sie betrieb eine Art allgemeinbildender Schule dort, und die Kids liebten sie. Das mochte, so sagte ich mir, auch auf Mitleid zurückzuführen sein, denn jeder wußte, konnte es sehen, daß sie vom Tode gezeichnet war. Leukämie, erteilte mir ein Kollege lakonisch Auskunft. Das war nur ein Teil ihrer Leiden, aber der, vor dem es kein Entkommen gab.

Immer wieder mußte sie ihre Arbeit im Heim unterbrechen, dann wurde sie in einer noch von den Franzosen begründeten Klinik in Saigon behandelt. Medikamente waren schwer zu beschaffen. Die von der "Völkergemeinschaft" verhängten Blockademaßnahmen sind heute noch wirksam. Japanische Organisationen halfen heimlich aus, ohne sich an die vom East River und vom Weißen Haus erlassenen Richtlinien zu halten. Auch aus Singapore kam - ebenso heimlich - Hilfe. Ich konnte einmal Ly selbst aus der Klinik abholen, und sie erzählte mir, daß sie diesmal mit deutschen Medikamenten behandelt worden sei, ein Freund habe sie auf dem Schwarzen Markt in Bangkok gekaufte für Devisen.

Das war ein lebensfrohes Mädchen, diese Ly. Nicht verzagt. Trübsinn kannte sie nicht. Sie sagte mir, es mache sie gesund, daß sie anderen helfen könne.

So werde ich mich auch an sie erinnern, froh darüber, daß ich sie in der Stunde ihres Todes nicht mehr sehen mußte. Leider hat auch die deutsche Medizin sie nicht heilen können. Das ist bitter, zumal das "Agent Orange" von Dow Chemical (bundes)deutsche Ingredienzen enthält, die bei der damaligen Hamburger Filiale von Boehringer Ingelheim, einer weltbekannten Firma im Auftrag für den amerikanischen Partner Dow produziert wurden.

Einer von ihm selbst bestätigten Meldung zufolge war der deutsche Bundespräsident zu jener Zeit in der fraglichen Firma als eine Art Personalchef tätig. Er habe von dem was da produziert wurde nichts gewußt, sagte er auf eine Anfrage.

Vielleicht habe ich Anwandlungen von Sentimentalität. Ich selbst benutze (gegen eine Atemwegserkrankung) einen Spray der Firma Boehringer Ingelheim. Neuerdings stelle ich fest, immer wenn ich ihn anwende, um mir Erleichterung zu verschaffen, muß ich an Ly denken...

Donnerstag, 15. April 1993

Erfahre, daß Inge von Wangenheim gestorben ist.

Sie kam aus Berlin nach Thüringen, damals, wohl weil sie das was wir unter uns hiesigen Kollegen zuweilen sarkastisch die "Berlin-Mafia" nannten, nicht so sehr goutierte. Es mag zusätzliche private Gründe gegeben haben.

Sie begab sich in die Provinz, jedenfalls. Wurde damit in den Augen derer in Berlin, die wir - ebenso sarkastisch - die Edelfedern der Nation nannten, weil sie sich, was ihnen leicht fiel, immer wieder in den Vordergrund spielten, auch wenn Leistung dafür nicht der Anlaß war, zur "Provinzautorin". Wir, die wir das ohnehin (und gern) waren, fanden sie ehrlich, aufgeschlossen, zu jedem Streit bereit, und nach dem Streit zu einer gemeinsamen Runde Bier. Das war selten geworden unter Autoren.

Inge von Wangenheim versteckte eigentlich nie ihr Herz, und das schlug links, was sie ebenfalls nie leugnete, selbst denen gegenüber nicht, die zeitweise nur das als "Links" gelten ließen, was sie mit ihrem beschränkten Vorstellungsvermögen für richtig hielten. Da bewies die Wangenheim nicht selten ihre Streitlust. Sie hatte eine bessere Position als viele von uns Jüngeren: auf ihrem Rücken hatte sich vom Spartakusbund über die Weimarer Republik, die Komintern bis zum Staatswesen DDR Weltgeschichte abgespielt, in der sie ehrenhaft bestanden hatte. Wenn auch zuweilen etwas beklommen.

Es war ruhig geworden um die streitbare alte Dame in den letzten Jahren. Mir schien, sie habe schwer an der großen politischen Enttäuschung ihres Lebens zu tragen. In ihren Alter fallen Erkenntnisse, wie wir sie machen mußten, sehr schwer. Wenn ich ganz ehrlich zu mir selbst bin, kann ich nicht so genau sagen, ob sie vielleicht wieder froher geworden wäre, wenn sie die eben angebrochene Epoche der sogenannten größeren Verantwortung des größer gewordenen Deutschlands noch hätte weiter miterleben können. Vielleicht hätte sie ja sogar einen anderen Spruch für ihren Grabstein ausgesucht als gerade den mit dem gemeinsamen Hineingehen in den neuen Tag...

Widerlich bei diesem traurigen Ereignis: Der durch flink gefertigte Gedenkartikel geheuchelte Respekt vor einer Frau, die man in den seit 1989 vergangenen Jahren ängstlich ignorierte, wegen ihrer "roten" Vergangenheit. Man könnte ja selber in den Verruf kommen, da Sympathien zu haben. Und jetzt, plötzlich, hat sie "deutsche Literaturgeschichte mitgeschrieben."

Als ich mir die Grabstätte am Weimarer Friedhof ansehe, treffe ich auf den guten alten H. der dort wieder auf seiner Bank sitzt und über die Welt nachdenkt. Er lacht bloß, als er die Lokalzeitung mit dem Foto in Briefmarkengröße auf der Frontseite sieht und ermahnt mich humoristisch: "Du Banause. Nicht lesen Karl May. Tote Rothaut immer gute Rothaut. Hugh."

Dann hält er mir seine Wermutflasche hin. Und diesmal nehme ich einen Schluck. Um den ekligen Geschmack der Heuchelei von der Zunge zu spülen...

Freitag, 16. April 1993

Da hat ein amerikanischer Journalist ein Buch über den Golfkrieg geschrieben, das mich außerordentlich beeindruckt, und von dem ich hoffe, daß es bald in deutscher Sprache unsere heimischen Leser erreicht, deren Wortschatz sich zwischen "Jeans" und "o.k." bewegt, was zur Lektüre der außergewöhnlich ehrlichen Abhandlung in der viel zwischen den Zeilen steht, nicht ganz ausreichen dürfte. (Name des Autors: McArthur).

Interessant, daß ein amerikanischer Patriot (als der er sich wohl versteht) einen solchen Krieg ganz ähnlich beurteilt wie ich als Deutscher, außenstehender, im besten Sinne neutraler Beobachter ihn beurteile.

Für McArthur ist die Wiederspiegelung des Golfkrieges durch die Medien (der Auseinandersetzung damit dient das Buch), besonders die elektronischen, eine systematisch geführte Propagandaaktion des Pentagon gewesen. Die Journalisten wurden, völlig anders als im Vietnam-Krieg etwa, aus dem die Propagandaleute offenbar gelernt haben, konsequent dirigiert und nur mit streng gefiltertem Stoff gefüttert, der sich in den Plan der Darstellung eines "modernen, elektronisch geführten, nahezu unpersönlich verlaufenden Krieges" einfügte. Eines - glaubt man den Darstellungen der Medien - völlig unblutigen technischen Krieges. So wird Krieg von blutiger Metzelei, die er immer noch ist, zum Spielhallenerlebnis: Boiing! Getroffen!

Das ist (auch nach McArthur) eine Verfälschung der Realität, eine gezielte Verharmlosung. Der Krieg gerät unversehens in den Bereich der Elektronikspiele, wird zum spannenden "Na, schafft-er-es?"-Erlebnis. Bilder und Berichte sind eher Show und Entertainment als Auseinandersetzung mit tödlichen Realitäten. Sie wirken anziehend, nach und nach langweilig wie eine Game-Show, eine moralische Frage an den Betrachter geht von ihnen nicht mehr aus. Infotainment ist das

Wort. Um das zu bewerkstelligen, was hier mit unbestreitbarem Erfolg praktiziert wurde, und auch das stellt der Autor fest, bedurfte es unter anderem zuvor einer psychologischen Manipulation, in diesem Falle der Entpersönlichung des Diktators Saddam Hussein. Indem man ihn von vornherein in eine Reihe mit Herrn Hitler stellte, sprach man ein Urteil, das die folgenden Zielfotografien der Bomber, die Staubwolken der Panzer, die paar leichenlosen Ruinen und selbst die zusammengeschossenen Fahrzeugkolonnen der Iraker letztendlich zu Versatzstücken einer Dekoration macht, in der ein vorher in seinem Inhalt erläuterter Film abläuft, der niemanden mehr zu nennenswerten humanitären Überlegungen veranlaßt. Eine interessante Betrachtungsweise. High Tec erobert völlig neue Gebiete...

Ich mache mir unter dem Eindruck dieses klugen Buches, das die Manipulationsmöglichkeiten einer "freien Journaille" auslotet, Gedanken um die Propaganda, die uns gegenwärtig über den jugoslawischen Bürgerkrieg vorgesetzt wird. Zugleich damit kommt die bittere Erkenntnis, daß das Publikum offenbar aus keinem Betrug wirklich etwas lernt.

Mich jedenfalls, dem man das eigene Denken noch nicht endgültig eingeschläfert hat, macht es stutzig, daß ich niemals auch nur einen einzigen serbischen Toten sehe, einen Verstümmelten. Schießen die Gegner der Serben nicht so genau? Einerseits hört man von verbissenem Widerstand der von den Serben Angegriffenen, andrerseits aber vermißt man,in den Darstellungen der Medien die Ergebnisse eben dieses Widerstandes. Wer trifft da die Auswahl? Und nach welchen Gesichtspunkten wird eingehendes Material "sortiert"? Gibt es vielleicht gar keine serbischen Verluste, weil die Bosniaken Mangel an Waffen haben? Warum sind sie dann nicht schon längst überrannt?

Bei aller Ablehnung der serbischen Übergriffe gegen ihre bisherigen Nachbarn - ein Krieg hat doch wohl immer zwei Seiten. Bekommt man lange genug nur die Leichen der einen vorgesetzt, dann gerät man in eine schwierige Lage, man verliert sozusagen das Maß für die Dinge. Ist ein Gegner erst einmal genügend verteufelt, fragt kein Naivling mehr nach der anderen Seite der Medaille.

Und es gibt Naivlinge genug. Wenn ich alleine jene zusammenzähle, die im Zusammenhang mit angeblich humanitären Hilfsaktionen heute schon wieder das Wort "militärischer Einsatz" im gleichen Tonfall benutzen, wie die PK-Berichter des zweiten Weltkrieges, etwa den Absprung von Fallschirmtruppen über Kreta immer näher an die Lebensmittel-Abwurfaktionen über Bosnien heranmogeln, dann komme ich auf eine ebenso stattliche wie erschreckende Zahl.

Als ich ein Schuljunge war, hatte es die Propaganda der Nazis geschafft, in mir als das Bild des (Sowjet)-Russen eine Kreatur zwischen Bär und Höhlenmensch zu verankern, die ein bluttriefendes Messer zwischen die Zähne geklemmt hatte. Damals gab es noch kein Fernsehen. Heute erwische ich mich selbst dabei, mir Serben auf eine nicht eben freundliche Art vorzustellen. Wenn ich darüber nachdenke, finde ich das ungerecht. Gefährlich auch. Ich fühle mich von Medien mit Vorurteilen ausgestattet, um nicht zu sagen manipuliert. Und nun fügt dieser Amerikaner McArthur mit seinem Buch noch die Erkenntnis hinzu, daß sogar gestandene TV-Profis, Medienfuzzis aller Coleur sich eingestehen müssen, beispielsweise im Golfkrieg geistig manipuliert worden zu sein.

Man kann wohl als Bürger die Medien nicht einfach ignorieren. Aber es ist äußerste Vorsicht geboten. Was George Orwell für 1984 voraussagte, ist, etwas anders als er es darstellte, eingetroffen: Der große Bruder beobachtet uns zwar (noch) nicht über den Bildschirm. Aber er formt uns, indem er uns suggeriert, was wir zu denken haben. Ob einen das nicht beunruhigen sollte?

Samstag, 17. April 1993

Einer hat mir per Postkarte einen Gruß aus Neuseeland geschickt. Ich bin ratlos, denn ich kann die Unterschrift nicht entziffern. Aber ich vermute, es ist R.W. aus Magdeburg, einer meiner Leser. Pilot. Vor zwei Jahren im Dezember überraschte er mich mit einer ähnlichen Karte aus Honolulu, da war er zu den Jubiläumsfeiern des Überfalls auf Pearl Harbor gereist: Ein Mann, der auf die Welt hungrig ist, wie viele unserer Mitbürger. Er bestätigte mir, daß Pearl und-Waikiki Beach, die Bowl, eine Reise wert sind. Monate später nahm er an einem internationalen Flugtag in den USA teil und berichtete mir stolz, er habe eine der legendären P-38 fliegen dürfen. Entdeckte, daß sie gegenläufige Luftschrauben hatte...

Neuseeland - da erinnere ich mich an eine Episode, von der ich noch immer nicht weiß, wie sie eigentlich einzuordnen ist. War sie lustig? War sie ein derber Spaß? Oder charakterisierte sie von einer Gesellschaftsordnung antrainierte Verhaltensweisen? War es vielleicht ein ungewollter Psycho-Test in dieser Beziehung, der überraschend ausfiel? Oder wiederum nicht überraschte? Wir, das waren außer mir noch A.Y., ein in Neuseeland aufgewachsener Chinese, der ins große Mutterland heimgekehrt war, nach Peking, wo ich um diese Zeit arbeitete, ein sogenannter Auslandschinese also, und seine Braut P.L., ebenfalls im Ausland (Polen) aufgewachsene und heimgekehrte Chinesin.

Eines Tages, ich arbeitete in der Redaktion der China Pictorial, tickerte der Fernschreiber die Neuigkeit herein, soeben sei das Volkskunst-Ensemble der Maori aus Neuseeland zu seinem Gastspiel in Peking eingetroffen. Die Gäste seien...

Wir standen um den Ticker herum mit ganz verschiedenen Absichten. A.Y. wollte noch ein paar Kurznachrichten für "Peoples China" fangen, wo er Redakteur war. Seine Freundin P.L. nahm die Chance wahr, ihn hier schnell einmal zu treffen. Und ich lauerte auf die tägliche Meldung, die ich für einen des Englischen nicht mächtigen heimischen Korrespondenten (sein sogenanntes Tagessoll) herausfischte, schnell übersetzte und ihm per Telefon durchgab. Da machte A.Y. einen Freudensprung und rief: "Die Maoris sind da! Wir werden Hawa besuchen!"

Er kannte die Dame, die in dem Ensemble tanzte, noch von Wellington her. Sie war betörend. Als wir im Ho Ping bei Eiscrem-Soda saßen, abends, erzählte sie uns von ein paar Russen (die praktisch samt ihrem Anhang in Peking kaserniert lebenden Berater), die sie am Schalter, als sie Karten verkaufte, gefragt hatten, ob es stimme, daß unter den Ureinwohnern von Neuseeland immer noch diese freien Sitten in der Partnerwahl für eine Nacht herrschten.

Ich hatte sofort A.Y., einen erprobten Spaßvogel im Verdacht, daß er dieses Gerücht unter die Leute gebracht hatte, aber er meinte, es sei ein anderer gewesen. Trotzdem könne man aus der Sache etwas machen, wovon die Leute in Peking eine Weile reden würden. Er ging sofort mit Hawa in Klausur, und am Tag der Premiere erlebten wir nach einer faszinierenden Vorstellung urwüchsiger Pazific-Kunst zunächst einen herrlichen Spaß und danach gewannen wir die herbe Erkenntnis, daß sowjetische Mitbürger diesen Spaß absolut nicht teilten. Daß sie sich sogar mit einer Denunziation revanchierten. Ich war enttäuscht, obwohl es damals schon recht wenige Dinge gab, die mich enttäuschen konnten.

Jeder von uns wußte, daß die meist schwergewichtigen Gattinnen der sowjetischen Berater stets ein argwöhnisches Auge auf ihre Männer hatten. Wie es in ihrem Lande überhaupt nicht selten ist, daß die Ehefrauen der dominierende Part der Familie sind. Darauf baute unser "practical joke".

Es war nach der Galavorstellung. Im Peking Hotel saßen die sowjetischen Ehepaare beim späten Essen. A.Y. hatte dafür gesorgt, daß das Gerücht von den freiheitlichen Liebesgewohnheiten der Maori-Girls sich kräftig unter den Sowjets verbreitete, besonders unter den Damen, die dann auch sehr wachsam guckten, als die Maori-Truppe ebenfalls in den Speisesaal einzog, ein buntes, ungezwungenes, lustiges Künstlervölkchen, das ihnen nicht ganz geheuer war.

Das Verhängnis nahm seinen Lauf. Die Mädchen, die noch kurz zuvor ihre hinreißenden Lieder und Tänze auf der Bühne dargeboten hatten, die den riesigen, bis zum letzten Stehplatz gefüllten Saal zum Toben brachten, aßen eine Kleinigkeit, dann spielte nebenan eine Kapelle auf, und die Mädchen aus Neuseeland holten sich, wie es dem Gerücht zufolge bei ihnen daheim Sitte war, ihre Partner. Für Tanz und Nacht, wie es das Gerücht ebenfalls wissen wollte. Daß das alles kompletter Jux war, ahnten wohl um diese Zeit bereits alle außer den "Auserwählten" und ihren Gattinnen.

Für das Platzen der Bombe sorgten nun die sowjetischen Ehefrauen.

Sie stürzten sich mutig in das Gewimmel auf der Tanzfläche und zerrten hartnäckig an ihren Männern, bis diese sich von den vergnügt kichernden, das Gerangel genießenden Südsee-Girls lösen mußten. Mit Bedauern, wie es uns stillen Beobachtern des Tumults vorkam, denn Russen haben eben auch rotes Blut, wie die Mädchen selbst nach der nur kurzen Begegnung standfest behaupteten.

Wir, die Kolporteure des Gerüchts und ein paar der Ensemblemitglieder saßen noch lange beisammen und dachten über den per Mißton geendeten Abend nach. Rewi Alley gesellte sich zu uns, eine Respektsperson in diesen Breiten und ein lieber Freund zugleich. Er lebte seit seinen Jungmännerjahren in China und repräsentierte verschiedene einflußreiche Organisationen, so auch das pazifische Friedenskomitee. Was ihn aber zum Star des Abends machte: Er war Neuseeländer von Geburt, sprach ein wenig Maori, und sein Vorname Rewi war der Maorisprache entlehnt.

Wir hatten den Spaß einige Wochen später schon beinahe vergessen, als uns Rewi eines Abends zu sich einlud und uns eröffnete, er habe wegen unseres übermütigen Schabernacks ein diplomatisches Meisterstück vollbringen müssen, um größeren Schaden zu verhüten. Die humorlosen Gattinnen der sowjetischen Berater hatten über ihre Botschaft beim chinesischen Außenministerium offiziellen Protest gegen das "vulgäre Benehmen" der Maori-Mädchen und die von ihnen ausgegangene Aufforderung zur Unzucht erhoben. Beim chinesischen Außenministerium muß es dann einen Mann gegeben haben, der sich keinen Rat wußte und Rewi, der viel Vertrauen genoß, anflehte, in der Sache zu vermitteln.

Das tat Rewi, wie er uns erzählte. Er überredete drei der Maori-Mädchen, mit einem riesigen Blumenstrauß ins Yu Yi Pingguan, das sowjetische Reservat in der Nähe des Zoos zu gehen und sich offiziell bei den vorher zusammengerufenen Sowjetfrauen zu entschuldigen. Man habe die Sitten nicht gekannt...

Da die drei aber erklärten, sie würden das zwar mit viel Spaß machen, könnten allerdings nicht garantieren, daß sie dabei ernst blieben, wurde auf Umwegen den Sowjetfrauen eingeredet, Kichern sei bei den Maoris ein Zeichen von Reue. Und so kam es im Yu Yi Pingguan zu einer Veranstaltung, an die die (selbstverständlich eingeweihten) Hausangestellten heute noch grinsend zurückdenken. Immerhin, diplomatischem Eklat war der Boden entzogen.

Mir ist erst viel später klargeworden, daß es für nicht wenige der in der Sowjetunion aufgewachsenen und dort lebenden Leute keine größere Schwierigkeit gibt als die, sich in das Leben und die Gewohnheiten, die

Traditionen und Sitten anderer Völker hineinzuversetzen. Unbekanntes, aus einer vorgegebenen Norm Laufendes zu fassen, zur Kenntnis zu nehmen, zu tolerieren, das war wohl eine unerfüllbare Forderung für sie. Und ihr Mißtrauen in die Absichten der schönen fremden Mädchen muß wohl unterschwellig noch zusätzlich mit Geschichten zu tun haben, die gegen Ende des zweiten Weltkrieges abliefen, wie man so hört.

Bloß davon hatten die Maori-Mädchen eben keine Ahnung. Und wir Initiatoren des Spaßes hatten das vergessen.

Sonntag, 18. 4. 1993

Ein schlimmer Tag: Fritz E., der gute alte Freund in Wien, so berichtet mir seine Frau am Telefon, hat einen folgenschweren Unfall gehabt. An einer Kreuzung fuhr ihn ein Lastwagen an. Fritz erlitt einen Schock, und obwohl er nicht weiter verletzt wurde, setzte der Schock einen Prozess bei ihm in Gang, der einem Schlaganfall ähnelt.

Grund dafür ist, daß Fritz, der als Jude in Nazi-Haft Schädigungen seiner Nieren davontrug und seit Jahren Dialysepatient ist, wohl den Auffahrschock nicht mehr so einfach "wegstecken" konnte, wie vielleicht ein Gesunder. Er liegt abwechselnd im Koma oder er befindet sich in einem Zustand, in dem bestimmte geistige Funktionen nicht mehr regulär ablaufen. Wir werden uns wohl damit abfinden müssen, daß sich daran nichts bessert.

Fritz war ein weiser Mann, der trotz gesicherter Existenz höchst einfach lebte. Ein Freund Deutschlands, trotz seiner bösen Erfahrungen, was ihn für mich immer zu einem ganz besonderen Menschen unter meinen vielen Freunden machte. Sein Wissen auf so vielen Gebieten, seine klugen Ideen, sein Unternehmungsgeist trotz schwerer Behinderung, das alles wird nun verloren bleiben.

Ich entsinne mich, wie wir zusammen das in seiner Art höchst eindrucksvolle jüdische Museum in Eisenstadt besuchten und nachher die Stelle im Ort, an der sich das Ghetto befand. Es war übrigens nicht von den deutschen Nazis errichtet worden, sondern von deren historischen Vorgängern. Später, als die Geschichte die Nazis nach Österreich brachte, hat es sich dann nicht mehr von den vielen Judenghettos in den besetzten Ländern unterschieden.

Für mich war das alles hochinteressant, weil ich in der jüdischen Geschichte nicht speziell bewandert bin. Obwohl - ich wurde in der oberschlesischen Stadt Zülz geboren, die man nicht selten "Judenzülz" nannte. Warum, das erfuhr ich erst sehr spät, weil niemand in meiner Jugend, die in die Periode der Nazi-Erziehung fiel, darüber sprechen wollte. Man erklärte es mir so, daß ja der aus der italienischen Sprache kommende Begriff Ghetto ursprünglich den Teil einer Stadt bezeichnete, in dem jüdische Bürger zunächst aus eigener Entscheidung, der wohl das Sicherheitsbedürfnis zugrunde lag, wohnten, bis man sie später, im Zuge der historisch sehr weit zurückliegenden Judenverfolgungen in solche Ghettos zwang. Das begann schon im Mittelalter, und bis zur Gleichberechtigung - wenn sie denn überhaupt erreicht wurde - war ein weiter Weg zurückzulegen. Zülz nun, diese kleine Stadt am Rande des Altvatergebirges, war der Überlieferung zufolge die erste Stadt ganz Schlesiens, damals unter habsburgischer Herrschaft, die den dort lebenden Juden die vollen Bürgerrechte zuerkannte. Es gab kein Ghetto. Was wiederum bei verbohrten Antisemiten Groll auslöste, und so kam es zu der abfälligen Bezeichnung "Judenzülz".

Jetzt, wo ich es hinschreibe, fällt mir auf, daß Fritz und ich uns nur selten über jüdische Probleme unterhielten. Unsere Freundschaft brauchte nicht die fortwährende Erörterung von Schuld und Sühne, sie verband zwei Freigeister, denen es nicht im Traum eingefallen wäre, ihr Verhältnis zueinander von der Zugehörigkeit zu einer bestimmten Nationalität, einer Glaubensgemeinschaft, der Hinneigung zu einer bestimmten Ideologie oder anderen, höchst persönlichen Eigenheiten abhängig zu machen. Zum Glück teilten unsere Ehefrauen diese Einstellung.

Fritz wird mir fehlen. Als im Herbst 1989 die Demonstrationen den Staat DDR erschütterten, beobachtete ich interessiert, wie die von den Menschenmassen skandierten Parolen vom Ausdruck der Unzufriedenheit mit Erscheinungsformen des Systems schrittweise bis zur politischen Forderung nach Vereinigung Deutschlands eskaliert wurden und dann plötzlich auf die Banalität D-Mark zurückfielen ("Wenn die D-Mark nicht zu uns kommt, gehen wir zu ihr!"). Es war für mich eine faszinierende Studie in Massenpsychologie.

Damals war es Fritz, der mich in diesem Zusammenhang auf John Ruskin verwies, einen der englischen Urväter des sozialistischen Gedankens, von dem der bemerkenswerte Ausspruch stammt: "You can talk a mob into anything... it thinks by infection".(Ein Menschenauflauf ist durch Geschwätz zu allem zu verführen; er reagiert durch Ansteckung.)

Mit seinem verschmitzten Lächeln im Gesicht bemerkte er, diese Aussage treffe übrigens originellerweise auch auf den Mechanismus von Judenpogromen zu.

Es hat sich für mich gelohnt, Ruskin verspätet etwas genauer kennenzulernen. Ich danke diese Bekanntschaft Fritz E. Und ich bin ein bißchen traurig darüber, daß von ihm in Zukunft keine klugen Worte, keine goldenen Hinweise mehr kommen werden. Traurig? Nun ja, der Zorn packt mich, wenn ich sehe, welche schmarotzenden Strolche es sich gut gehen lassen, während Fritz... Aber das ist wohl ein Gefühl, so alt wie die Welt!

Nur - nachdenkenswert schien mir folgendes: Heutzutage erweist sich einer unserer regierenden Politiker nach dem anderen als Negativauswahl. Nicht nur die Skandale häufen sich, auch die bornierten Reaktionen der Parasiten auf öffentliche Rügen.

Warum, so frage ich mich manchmal, kann mein Volk nicht Politiker haben, die als Menschen so integer sind wie Fritz E. es sein Leben lang war? Wo gibt es in diesem Geschäft (und es ist eins geworden, leider!) noch einen, den man zu recht als "ehrliche Haut" bezeichnen könnte?

Jedes Volk hat die Politiker die es verdient, so heißt es. Haben wir das wirklich so verdient, was wir da heute haben? Ich bin nicht sicher. Sicher bin ich nur, hätten wir an der Stelle, an der die Richtlinien deutscher Politik geformt werden, einen Mann wie Fritz E., dann gäbe es in der deutschen Außenpolitik nicht diesen Umschwung von wohlbegründeter Zurückhaltung zu militärischer Protzerei, der das alte, schlimme Gesicht eines "Über-Deutschland" wieder an die Wand malt, von dem der euphemistische Spruch über die "friedensschaffenden Missionen" so gern benutzt wird, der sich kühl reduzieren läßt auf "Kriegführen".

Übrigens: Von Erich-Maria Remarque stammt die Erkenntnis: "Ich dachte immer, jeder Mensch sei gegen den Krieg. Bis ich herausfand, daß es welche gibt, die dafür sind, besonders die, die nicht hineingehen müssen".

Montag, 19. April 1993

Eduard Schewardnaze, nach einer langen Parteikarriere Polizei- und KGB-Minister Georgiens und schließlich unter Busenfreund Gorbatschow Außenminister der UdSSR, später der Mann, der - wie man lesen konnte - die finanziellen Bedingungen für die sowjetische Genehmigung zur Wiedervereinigung Deutschlands aushandelte, erhält von der Bundesrepublik Deutschland den Immanuel-Kant-Preis (100 000.- DM). Als Grund für die Verleihung wird sein Engagement für die Vereinigung der beiden deutschen Staaten genannt.

Während ich die schon kaum noch überraschende Nachricht überdenke, fällt mir ein, daß man für Politiker wie Schewardnaze eigentlich einen Klemens-Lothar-Wenzel-Fürst-von-Metternich-Preis stiften sollte. Er käme angemessener.

Metternichs Haltung gegen alle nationalen Bewegungen würde aufs Haar zu der von Schewardnaze gegen die Selbständigkeitsbestrebungen der Abchasier eingenommene passen. Die unter den Habsburgern stehenden Nationalitäten bekamen die harte Hand Metternichs zu spüren. Ähnlich wie heute die Abchasier die Luft-Boden-Raketen des Georgien-Herrschers Schewardnaze.

Über die "Heilige Allianz der Großmächte", die Zwangsvorstellung Metternichs, will ich nicht weiter nachdenken.

Pür den Fall, daß eine Medaille mit dem Preis verbunden ist, wäre die Prägung eines Panoramas der zerstörten Stadt Suchumi zu empfehlen.

Man verzeihe mir die Ironie, aber: Gibt es auf der ganzen Welt keinen anderen Menschen, der eine Ehrung im Namen Kants tatsächlich verdient?

Dienstag, 20. April 1993

Die Meldungen über die zweiundsiebzig Leute, die im texanischen Waco an ihrem Wahn, einem neuen Christus zu dienen, buchstäblich verbrannten, erschrecken mich.

Seit Wochen hat die Polizei eine Unterkunft der Davidianer-Sekte belagert, die bis dahin weitgehend unbekannt gewesen war. Es gäbe, so vermute ich, für einen so riesigen Aufwand von Polizeikräften in den Vereinigten Staaten sicher bessere Zwecke als die vage Vermutung, in der Burg der Sekte werde zwischen Automatgewehren Unzucht getrieben. Bei bereits nachgewiesenen kriminellen Handlungen ist die US-Polizei oft weit weniger aktiv, aber hier führte die Denunziation im Rekordtempo zu bemerkenswerten administrativen Entscheidungen: Selbst Panzerfahrzeuge wurden gegen die sich mit Schußwaffen verteidigenden Sektenleute aufgefahren. Und da sich in der Burg auch Frauen und Kinder befanden, wurde die Belagerung flugs zum Medienspektakulum der Spitzenklasse. Wer sich für die Pressefreiheit entschieden hat, muß mit solchen Erscheinungen wohl leben, auch wenn zuweilen die Berichterstattung die Grenzen des guten Geschmacks verletzt...

Gleichwohl, man ist durch das breitgetretene Ereignis animiert, sich mit einem Phänomen zu beschäftigen, das nicht eben den Reiz der Neuheit hat. (Wohin sind die Zeiten, als mich einer aus dem Schlaf klingelte und mir Eintrittskarten für die Arche Noah verkaufen wollte!) Das Sektentum, so verstehe ich es, geht weit zurück, ist vielleicht ein Relikt jener Periode, in der die Leute mit den sie betreffenden irdischen Gegebenheiten einfach nicht mehr zurande kamen und sich eine (Er)Lösung durch ein höheres Wesen erhofften. Alle Religionen der Welt entstammen letztlich dieser Wechselbeziehung zwischen Leiden und Hoffen, so auch die Pseudoreligionen der Sekten.

Es gibt weltliche Parallelen. In Diktaturen gewachsene Gemüter sehnen sich, wenn sie etwa in demokratische Verhältnisse gestürzt werden, seltsamerweise immer wieder nach dem "starken Mann", nach "Zar" oder "Führer" - oft bekommen sie ihn. Gestandene Demokraten sind keinesfalls völlig gegen die Sehnsucht nach "Lösungen von oben" gefeit, sie verlangen, daß der jeweils zum Präsidenten, Kanzler oder Premier Gekürte vermittels seiner "Richtlinienkompetenz" die Welt für sie verläßlich in Ordnung bringt.

Auf gewiß anderer Ebene, aber eben nicht ganz unverwandt, wie mir scheint, bewegt sich Sektendenken, mehr von der Realität abgehoben freilich, verzückt, verschroben, geheimniskrämerisch, violent zuweilen. Und betrügerisch, weil mit Elementen des Okkulten angewendet, auf Massenhysterie zielend, sie bewußt erzeugend, jenes umwerfende Phänomen menschlicher Vernunftentsagung, das aus studierten Bürgern heulende Derwische macht, selbst die Trennung von allem irdischen Besitz zugunsten der Sekte leicht fallen läßt. Auch den Mord. Es ist ein Hang zum Einzug ins Jenseits, der da erzeugt wird, ein Auszug aus der realen Welt, die schwer zu ertragen ist, sicher, aber es führt eben zu Exzessen, wie etwa vor anderthalb Jahrzehnten schon in der Sekte des Volkstempels um den Hohepriester Jones herum, im Urwald von Guayana, wo an einem Tag etwa neunhundert Selbstmorde geschahen.

Sektenanführer, wie jetzt wieder jener David Koresh aus Waco, haben die Gabe eines überwältigenden Charismas, so erweist es sich immer wieder. Egal ob sie sich als Jesus oder Teufel präsentieren, sie bezaubern und verwirren ratlose, vom Leben in die Enge getriebene Menschen bis zur Aufgabe des Restverstandes. Das Ergebnis: Waco.

Man muß erlebt haben, wie versunken, wie völlig abwesend Sektierer sein können, wenn ihr "Führer" ihnen mit schwingenden Wortkaskaden ausmalt, was war, was ist, was sein wird, was nicht sein darf. Vielleicht begreift man es nicht, aber man erahnt die suggestiven Kräfte, die hier angesichts einer trostlosen Realität den "Gläubigen" ins Zauberland der Irrealität spülen. Oder in den Vorhof der Hölle, wohin alle jene gehören, die dem Wort des "Führers" nicht Glauben schenken, die Unrecht tun, weil sie sich dem einzig wahren Wort verschließen - ein pseudoreligiöser Touch ist in alldem. Profanreligion. Wie manche Politik auch Profanreligion ist. Oder war. Gläubige und Ungläubige, eine simple Welt: Die Gläubigen werden angeblich des Paradieses teilhaftig, über die Ungläubigen bricht ebenso angeblich das höllische Feuer herein. In Waco kam es umgekehrt.

Und dann ist da die Apokalypse, die grausige Vision vom Ende der Welt und der Dinge, wenn die Feuer vom Himmel fallen, auf Gerechte wie Ungerechte. Eingeschüchtert vom gewaltigen Wort tut ein Menschlein so manches, wie wir wissen. Es geht freiwillig in den Tod, nicht selten, wie es sich oft genug erwies.

Während ich die Ereignisse um die Davidianer vom Waco verfolge, wird mir klar, daß auch sie mir nicht endgültig Aufschluß geben werden: Was ist an diesen wortwendigen Heilslehrern, zu denen ich auch die sogenannten Laienprediger zähle, echter, gläubiger Fanatismus, was Show? Was ist verbohrter Glaube an die eigene Botschaft, was geschickte Nutzung der menschlichen Dummheit? Ist das Gebet dieser Baghwans und Gurus noch Gebet? Oder ist es verbale Droge? Und - was unterscheidet das Wort eines solchen Predigers vom Wort eines politischen Redners? Nur der Unterschied im Charisma? Was ist der Unterschied zwischen einem Armageddon, an das der "Führer" nicht glaubt, während er es mit farbigen Worten beschwört, und den Beteuerungen eines Berufspolitikers, der an seine eigenen Worte längst nicht mehr glaubt? Dessen Gruppierung kein Programm mehr hat. Oder nie eins hatte, außer dem Streben nach der Macht über Menschen...

Ich habe mir sagen lassen, in Deutschland seien mehr als zweihundert Sekten registriert. Manche haben nur wenige Mitläufer, andere schicken Dutzende ihrer "Mönche" in rostroten Roben bettelnd durch die Fußgängerzonen der Großstädte. Ist diese Hinwendung zu Mystik und Esoterik das Gegenstück zu dem was die Medien Politikverdrossenheit nennen? Gibt es einen kausalen Zusammenhang zwischen beidem?

Oder sind Sekten wie Warzen am Körper der Demokratie? Spielwiese für Scharlatane, die - wie in Waco - gelegentlich zum Schlachtfeld wird? Kann man es so einfach sehen? Was halte ich dem jungen Mann entgegen, der mich mit seinen übersinnlichen Floskeln anspricht? Er will mich gewinnen. In einer Zeit, in der vieles schwer zu verstehen ist. Schwer zu ertragen zudem.

Ein Wissenschaftler, den ich konsultierte, macht es sich einfach. Erklärt mir milde lächelnd, der ganze faule Zauber basiere wesentlich auf merkantilen Interessen. Handfesten sogar. Und vom geistigen Aspekt aus beurteilt, sei er eine sehr clevere Spekulation auf Leute, die sich aus einer für sie nicht mehr verstehbaren Welt ausklinken wollen.

Habe ich schon mal gehört. Englischer Autor, schrieb:"Stop the world, I want to get off!" (Halt die Welt an, ich will absteigen.) War nicht ganz ernst gemeint. Sind es die Sekten auch?

Aber da gibt es die Toten. Und in einem Thüringer Gymnasium wird soeben gegen drei Schüler ermittelt, die einen Kameraden bestialisch umgebracht haben sollen, in einer Veranstaltung, die der Teufelsanbetung diente.

Auch Aussteiger? Krankheit der Psyche? Der Gesellschaft? Womit zu heilen?

Mittwoch, 21. April 1993

Aus gegebenem Anlaß mache ich mir ein paar Gedanken über die Justiz, jene Einrichtungg der man wohl zu recht nachsagt, sie sei von jeher die Hure der Macht gewesen: Der Untersuchungsausschuß in Bonn, der die Geschäftspraktiken des ehemaligen Devisenbeschaffers der DDR aufklären sollte (mit welchem Mandat eigentlich, darüber könnten Staatsrechtler trefflich streiten), wird seine Arbeit einstellen. Anklage wird nicht erhoben. Also kein auch nur nennenswertes Ergebnis einer monatelangen, kostenträchtigen Arbeit.

Daß es in den westlichen Gefilden des größer gewordenen Deutschlands einflußreiche Leute gab, die es gar nicht gern sahen, wenn die Einzelheiten der früheren Devisengeschäfte zwischen den beiden deutschen Staaten (beide mit UNO-Sitz) vor der Öffentlichkeit ausgebreitet wurden, war ja hinreichend bekannt, und aus der Perspektive der möglicherweise Betroffenen auch verständlich. Also überrascht das Ende der Affäre nicht sonderlich. Es ist die alte Sache mit den Krähen...

Aufschlußreicher als aller Medienzirkus um den korpulenten Herrn vom Tegernsee, als alle klugen Ausreden der verschiedenen Politiker, als das Geschimpfe auf die Reihenhäuser der DDR-Mächtigen in deren jämmerlichem Wandlitz - mich beschäftigte bei der ganzen Angelegenheit ein anderer Aspekt, von dem ich den Verdacht habe, daß er zielstrebig sozusagen überlabert wurde. Warum?

Der Aspekt: Diese DDR war bekanntlich Mitglied des RGW (Rat für gegenseitige Wirtschaftshilfe), des östlichen Gegenstücks zur EWG, wie groß da auch immer die Unterschiede gewesen sein mögen. Und als Mitglied des RGW war die DDR durch Statut verpflichtet, ihre Deviseneinnahmen an die Bank des RGW abzuführen, die selbstverständlich in Moskau lag. (Ihr imposantes Gebäude, in dem es eine Menge Asbest gibt, soll übrigens nicht - wie der Palast der Republik in Berlin - geschleift werden).

Nach meiner bescheidenen Rechnung hätte die DDR doch zum Zeitpunkt der Wiedervereinigung ein beträchtliches Devisenguthaben in jener Moskauer Einrichtung haben müssen, die dann mitsamt dem ganzen RGW so geräuschlos aufgelöst wurde, daß nicht mal jemand erfuhr, wohin eigentlich ihr Grundkapital an Devisen floß. Oder machte sie Pleite? Auch davon war keine Rede.

Um mich über diese Zusammenhänge wenigstens einigermaßen ins Bild zu setzen, konsultierte ich einen Herrn, der früher mal im Außenhandel der DDR beschäftigt war, und der nach der Wiedervereinigung einen eigenen Betrieb gegründet hat, mit ausreichendem Grundkapital, über das er wohl verfügte. Unternehmer von heute. Geschäftserfahrenere Leute als ich nennen sowas einen Kapitalisten, oder - noch schlimmer - einen Einheitsgewinnler.

Egal, mich interessierte die Vergangenheit, und die erklärte der Herr Neuunternehmer mir freundlich, wohl weil er meine Unwissenheit bemitleidenswert fand. Das sah so aus: "Also, da gab es diese Bank des RGW. Deviseneinnahmen offizieller Art der Mitgliedstaaten flossen dort sozusagen in einen Pool, an den dann alle Mitgliedstaaten Anträge stellen konnten, wenn sie Devisenausgaben zu bestreiten hatten, etwa für die Anschaffung von westlichen Geräten und dergleichen. Wenn sie Glück hatten und die Mongolei nicht dagegen stimmte, wurden sie genehmigt. Die Einlagen wurden übrigens per Valuta-Rubel abgegolten.

Das Verfahren erwies sich im Laufe der Zeit für Mitgliedsländer mit relativ hohen Deviseneinnahmen als nicht sehr vorteilhaft, um es dezent auszudrücken. Und es förderte die Bequemlichkeit der Mitgliedstaaten, die keinerlei Anstrengungen machten, devisenträchtigen Export zu betreiben. Von den Möglichkeiten der

Moskauer Verwalter des Devisenfonds wollen wir mal nicht reden.

Die DDR - rechnet man sich die jährlichen offiziellen Deviseneinnahmen nur aus den Post- und Bahngebühren, den Autobahngebühren und dergleichen aus und läßt den Außenhandel ganz beiseite - kam dabei ausgesprochen schlecht weg. Um nicht zu sagen, sie wurde für das genommen was sie wert war: Abrakadabra, was Bonn für die Durchfahrt nach West-Berlin zahlte, fand sich in Moskau wieder. Houdini wäre vor Neid erblaßt.

Um an der leidigen Verpflichtung vorbeizuschleichen, jeden Cent an Devisen nach Moskau zu schaufeln, wurde schließlich in der DDR stillschweigend, ja sogar streng geheim, damit nicht einmal das KGB ganz genau dahinterkam, eine Einrichtung namens Koko erfunden, na ja, man kennt den Namen schließlich...

Die Koko verschaffte dem auf dem Papier von Verträgen selbständigen Staat dann ein gewisses Maß an Ellbogenfreiheit, was harte Münze betraf."

Soweit begriff ich das schon. Einiges davon hatte sich inzwischen auch ohne Hilfe der sonst so eifrigen Medien aus der westlichen Heimat beim Bürger durchgesprochen. Mich bewegte nun vielmehr die Frage, was denn eben aus dem Devisenkapital der RGW-Bank in Moskau geworden war, als sich der RGW auflöste. Aber da herrscht überall betretenes Schweigen. Auch zweckgebundenes Schweigen, wie ich vermute. Von einer Rückzahlung der Einlagen in die Moskauer Bank wurde nichts bekannt. Der ganze Zusammenhang wurde überhaupt aus der sonst so rührigen öffentlichen Debatte (etwa wenn es um eine Putzfrau geht) ausgeklammert, ganz so als gälte es zu vermeiden, am Ort der Tat jemandem zu nahe zu treten.

Wie auf Verabredung hat auch der Herr vom Tegernsee über die Sache bisher höflich geschwiegen. Der ehemalige Außenhändler, der mir für meine naiven Fragen so kostbare Unternehmerzeit opferte, meinte hingegen, das Schweigen über dieses Kapital würde wohl anhalten. Sonst könnten, wenn allzu viel in der Jauche herumgerührt würde, sensible außenpolitische Beziehungen gestört werden. Dafür müsse schließlich jeder Verständnis haben...

Und das klang mir dann wohlbekannt. Aus der Zeit, als DDR-Literatur die sich mit fremden Ländern befaßte, noch vom Außenministerium der DDR kontrolliert wurde, auf mögliche Gefährdung sensibler außenpolitischer Beziehungen, wie es hieß!

Donnerstag, 22. April 1993

Die Metaller streiken! Überall kann man es lesen, hören, kommentiert bekommen, auf hunderterlei Art. Die unbequeme Abmachung, Ost-Löhne den West-Löhnen anzugleichen, die einer von den Tarifpartnern plötzlich nicht mehr einhalten will, weil sich "die Voraussetzungen geändert" hätten, unter denen der Abschluß erfolgte, mündet nun in einen Streik. Zehntausende sind in den Ost-Ländern involviert.

Für mich hat die Sache mehrere Aspekte, die alle sorgsam erwogen werden wollen, bevor man sich eine endgültige Meinung über die erste breitangelegte Kampfaktion von Arbeitern im östlichen Deutschland seit vielen Jahrzehnten bildet.

Da ist zunächst einmal die Sache mit den Verträgen. Großmächte beispielsweise, das erleben wir fortwährend, halten feierlich geschlossene Verträge (ja, auch internationale!) zu oft nur dann ein, wenn die Sonne der Opportunität auf sie scheint. Ändert sich das, wird jeder Vertrag gebrochen. Die Formel, daß sich die Voraussetzungen geändert hätten, unter denen man den Vertrag schloß, ist eine wohlfeile Ausrede, um nicht zu sagen eine faule. Wer sich in diesem Zusammenhang an den guten alten Franz Josef Strauß erinnert, der sein "pacta sunt servanda" (Verträge sind einzuhalten.) wenigstens so ernst meinte wie er es sagte, wird wehmütig konstatieren müssen, daß in der neuen Weltepoche, die just angebrochen ist, mit der ziemlich schwer zu definierenden "Weltgemeinschaft", von der eigentlich nur sicher ist, daß sie von den Vereinigten Staaten dirigiert wird, Verträge so oft gebrochen werden wie Schienbeine beim winterlichen Skifahren. Warum sollten sich Unternehmer an diesen großen politischen Vorbildern nicht orientieren?

Und dann ist da bei den Metallern im Osten der Aspekt, daß die Wiedervereinigung ihnen (wie anderen auch) Ungleichheit im Lohn brachte. Weniger Lohn für die gleiche Arbeit, die ein Kollege in Dortmund verrichtet. Bei teils höheren Lebenskosten. Und vierzig Jahre lang nicht als Chance existenter "Vermögensbildung". Das ist Ungerechtigkeit, und man könnte wohl fragen: Warum sollen eigentlich Arbeiter - wenn alle Verständigungsmöglichkeiten erschöpft sind - nicht von ihrer Waffe, dem Streik Gebrauch machen, noch dazu, wenn hohe Funktionäre aus dem Westen sie mit (sehr) lauten Worten dazu ermutigen? Die einfachste Antwort ist: Sie sollten. Allerdings lohnt es sich, zu der ziemlich komplexen Angelegenheit einige zusätzliche Überlegungen anzustellen. Und die machen dann nachdenklich.

Ost-Betriebe stehen auf schwachen Beinen, besonders in der Metallbranche ist das weitgehend so. Also fällt es ihnen - ohne Unternehmer in Schutz zu nehmen - tatsächlich oft schwer, die Angleichung an die West-Löhne vorzunehmen, zumal der Absatz der Produkte äußerst schlecht ist und von der westlichen Konkurrenz zudem mit allen möglichen Tricks eingeschränkt wird. Nicht selten zieht da das Gespenst des Bankrotts herauf, mit dem Verlust selbst der wenigen noch vorhandenen Arbeitsplätze. Wenn man bedenkt, daß seit 1989 rund 60 Prozent aller alten Arbeitsplätze in den Ost-Ländern liquidiert wurden, lohnt sich die Überlegung schon.

Und man sollte im Auge behalten, daß es in den Ost-Ländern heute bereits eine aus (mindestens) zwei Klassen bestehende Arbeitnehmerschicht gibt: Diejenigen die noch Arbeit (und von ihnen als zu gering empfundenen Lohn) haben, und die anderen, die arbeitslos sind und eine (relativ geringe, jedenfalls weit unter dem geringen Lohn der Arbeitenden liegende) Unterstützung bekommen. Hier sammelt sich zwischen diesen beiden Schichten neuer Zündstoff, der wird durch erstreikte höhere Löhne für Arbeitende nicht etwa abgebaut, sondern verstärkt.

Ich mache mir Gedanken, wer daran Interesse haben könnte, daß Arbeitslose und noch Arbeithabende unter sich immer mehr in neidbedingten Streit geraten?

Danach wäre eine weitere Erwägung interessant: Wer hat den Nutzen davon, wenn unter der Begründung, der Streik habe sie ruiniert, Ost-Unternehmer weitere Entlassungen vornehmen, die Produktion drosseln oder ganz und gar schließen müssen? Die Entlassenen bekämen dann aufgrund der erkämpften (relativ) höheren Löhne etwas höheres Arbeitslosengeld. Damit wäre ihre Lage keinesfalls grundlegend gebessert, aber sie würden trotzdem zum Neidobjekt derer, die mit niedrigeren Unterstützungen vorlieb nehmen müssen, ohne selbst daran schuld zu sein. Das Ergebnis wäre, trotz eines Sieges der Streikenden, eine kaum zu übersehende Aufsplitterung der ohnehin Minderbemittelten in diverse, sich nicht sehr genehme, einander beneidende Schichten. In wessen Sinne könnte das sein?

Ich kann diese Frage nicht beantworten, wiewohl sie mich bewegt. Aber es gibt an dem Problemkomplex eine weitere Position, die mich interessiert: Seit einiger Zeit haben altbundesländische Metallfabrikanten unter der Weltflaute zu leiden, zumal der Ost-Kaufboom vorbei ist. Sie müssen ihre leistungsfähige Produktion zurückfahren, auch Entlassungen vornehmen, die Erträge gehen zurück. Zumal es im Osten (wo die Abnehmer von Stahl nicht mehr kaufen, weil sie entweder Bürgerkrieg haben oder kein Geld) Metallbetriebe gibt, die mit dem Vorteil der geringeren Lohnkosten wirtschaften, und die auf den schmaler gewordenen Märkten Anteile beanspruchen. Da ist doch wohl Selbstverteidigung angesagt, für die West-Betriebe. Selbstbehauptung. Ausschaltung der Konkurrenz. Ganz normal im Kapitalismus, oder? Das geht wie von selbst dadurch, daß der Ost-Streik die Konkurrenzbetriebe weiter zerrüttet, sie als Wettbewerbsgegner zumindest für längere Zeit ausschaltet. Schaden haben davon Ost-Unternehmer wie

Ost-Arbeiter. Wer hat davon Nutzen? Die Gewerkschaftsführer argumentieren, der Bruch der Tarifverträge im Osten mit ihren Versprechungen auf Angleichung der Löhne ist die Generalprobe "der Unternehmer" (welcher?) für den Angriff auf das System der Tarifautonomie in ganz Deutschland. Nun sind die West-Länder in den letzten vierzig Jahren mit dieser unantastbaren Tarifautonomie recht gut gefahren. Aber nicht nur in Deutschland hat sich verschiedenes geändert, was starken Einfluß auf die Wirtschaft ausübt, auf das Sozialsystem, die Gesundheitspolitik - in ganz Westeuropa vollziehen sich gravierende Veränderungen der gewohnten ökonomischen und sozialen Strukturen. Und selbst in den Gewerkschaften in Deutschland und anderswo sinnen die berühmten Vor- und Querdenker in aller Stille darüber nach, ob dem System flächendeckender Tarifverträge, dem die Vergangenheit gehörte, auch die Zukunft gehören kann. Zumal da Europa auf uns alle zukommt, das vereinte...

Ketzer der Arbeitsmarktpolitik, so höre ich, denken bereits heute darüber nach, wie man die Waffe des Streiks immer weiter entschärfen kann. Die Zeichen dafür stehen gut. Ganz leise verweist man in einschlägigen Kreisen darauf, daß die Billiglohnländer, die bisher fernöstlich lagen, weit und transportkostenintensiv, sich nun vor der eigenen Haustür befinden, bei offenen Grenzen sind die ehemaligen Ostblockstaaten absolut fähig, Taiwan, Singapore, Hongkong und wie sie alle heißen, zu ersetzen. Sie tun es teilweise schon. Auch hier ist zu fragen, wem das nutzt. Wird dann der ostdeutsche Arbeitslose wütend auf den polnischen Billigarbeiter sein? Und - ist dieser das richtige Objekt für den Zorn?

Ich habe angesichts der wehenden roten Fahnen mit dem gelben Dreieck, der Streikposten, der lautstarken Agitatoren im Nadelstreifenanzug viele verschiedene Überlegungen angestellt. Zu einem schlüssigen Ergebnis bin ich nicht gekommen. Aber Befürchtungen haben sich bei mir verstärkt, und ich fände es nützlich, wenn mehr Leute darüber nachdenken würden.

Der Gedanke an jenen König Pyrrhus verfolgt mich bei der ganzen Sache, die die Nation aufwühlt. Denn dieser Pyrrhus glaubte ja, er habe bei Ausculum gesiegt. Hatte er doch, oder etwa nicht? Nur daß sein Irrtum sich Jahre später herausstellte. Der sogenannte Sieg des Pyrrhus ist seitdem in die Geschichte als Beispiel tragischen Irrtums eingegangen. Warum muß ich ausgerechnet im Zusammenhang mit heutigen Streiks immer wieder daran denken?

H.X.D., mit dem gemeinsam ich manche Nacht im Mekong-Delta schwitzte, der Mann, der als vietnamesisches Waisenkind, das der französische Indochinakrieg zurückließ, im schönen sächsischen Moritzburg aufwuchs, der deutsche Geschichte studierte und einen Teil seines Herzens hier zurückließ, als er heimging, in den nächsten Krieg, sagte einmal zu mir, als wir bei einer Flasche lauwarmen Bier '33 in irgendeiner lausigen Unterkunft, in der es wenigstens kühl war, politisierten: "Meiner Meinung nach ist es geradezu eine Nationaleigenschaft der Deutschen, daß sie sich immer wieder in ihrer Geschichte mit Begeisterung für etwas instrumentalisieren ließen, was sie erst Jahre später, Jahrzehnte manchmal, als Fehltritt erkannten."

Er hat uns Deutsche trotzdem geliebt, der gute H.X.D. Vielleicht gerade deshalb.

Freitag, 23. April 1993

Warum nicht eine Machiavelli-Medaille für Politiker?

Die Frage bewegte uns in einer Runde, an der ich gelegentlich teilnehme. Man könnte sie auch Stammtisch nennen, aber deutsche Stammtische sind von einer Beschaffenheit, die den Begriff ein wenig anrüchig gemacht hat.

Da gibt es Leute, die haben den französischen Ausdruck "jour fixe" ins Spiel gebracht. Gleicher Wein in anderen Flaschen. Wir nennen uns überhaupt nicht. Es wird gelacht, über Verstorbene Gutes geredet, es wird politisiert, zuweilen liest auch einer ein Gedicht vor, einen Aphorismus. Oder einer hat eine Zeitung dabei, verliest einen Kommentar, worauf dann Gelächter einsetzt. Ein Glas Wein beruhigt die Atmosphäre, für gewöhnlich jedenfalls. Ältere Herren, die beim griechischen Rosé beisammen sitzen...

Ja, Machiavelli! Der Florentiner, der Ausgang des Mittelalters das frühe Bürgertum sozusagen an seine Ellbogen erinnerte, und der für die Politik jedes Mittel befürwortete, wenn es nur Erfolg versprach. Von Moral wenig Rede. Verschlagenheit war es, was bei den meisten politisch Tätigen aus der Lektüre seiner Ratschläge entsprang. Zwischen Politik und Moral, so befand der Denker, besteht ein gravierender Widerspruch. Politiker, so war abzuleiten, hätten im Bedarfsfalle an ihrem eigenen Gewissen vorbei zu entscheiden. Daß genau dieses geschieht, war seit der Renaissance an so vielen klassisch gewordenen Beispielen zu erleben, daß es keiner Aufzählung bedarf.

Über die Periode des Streites zwischen Friedrich dem Großen und Maria Theresia von Österreich, in dem es um Schlesien ging, ist die innere Auseinandersetzung Friedrichs mit sich selbst überliefert, die seine Vertragstreue angesichts unerwarteter Entwicklungen in Böhmen zum Gegenstand hatte. Die "Noch-nicht-Großmacht" Preußen hatte sich zu entscheiden, ob sie ihre Verträge mit Österreich hielt, oder ob sie sozusagen präventiv militärisch losschlug (heute sehr modern!), etwa als da die Gefahr einer neuen austro-französischen Allianz drohte. Der Entschluß, wie man beim Großen Friedrich nachlesen kann, war kein leichter (im Gegensatz zu heutigen Entschlüssen ähnlicher Art), denn gerade Friedrich hatte seinerzeit nicht wenig gegen Machiavellis negierende Haltung zu unbedingter Vertragstreue gewettert. Er folgte ihm in der Praxis, trotzdem. Gab zu, daß Machiavellis unmoralische Vorstellungen über Verträge und ihre Einhaltung wohl doch eher vom Standpunkt des Nutzens für den Staat aus zu beurteilen seien. Und er wurde auch vertragsbrüchig. Wobei er interessanterweise erkannte, daß ein Staatsmann, der sich Vertragsbrüche leistet, letztendlich sich selbst schadet, weil das Vertrauen in ihn schwindet. Weil er international als unsicherer, nicht verläßlicher Patron angesehen wird, ein Prädikat, an dem sich - ist es erst einmal verliehen - nicht mehr viel ändern läßt, selbst durch tätige Reue...

Immerhin handelte es sich bei Friedrichs anfänglichem "Antimachiavellismus" und der später von ihm selbst vollzogenen Widerlegung seiner Devise in der Staatspraxis um große Geschichte.

Seitdem sind die Anlässe für internationale Vertragsbruche immer kleinkarierter geworden. Besonders die Großmächte (solange das alte Deutschland eine war, gehörte es zu der Riege) haben es im Verlaufe ihrer an Verträgen reichen Staatspraxis mit den feierlich besiegelten Abkommen nie besonders schwer genommen. Stalin und Hitler, das sind nur zwei der anrüchigen Namen aus jüngerer Zeit. Heutzutage muß man außer dem notorischen Nixon oder dem eigenartigerweise als ehrenwert geltenden Gorbatschow bereits eine lange Reihe anderer hinzufügen, die sich mit hohlen Floskeln, sobald es ihnen opportun erschien, aus einmal eingegangenen internationalen Verpflichtungen schlichen. Zum eigenen Vorteil, wie sie glaubten. In Wirklichkeit trifft eher der Schluß des Großen Friedrich zu, der darüber meditierte, daß diese Praxis nach und nach selbst den letzten Verbündeten noch vergrault.

"Die Voraussetzungen unter denen der Vertrag abgeschlossen wurde, haben sich geändert", eine gängige, gleichwohl jeglicher Moral entbehrende Ausrede für internationalen Vertragsbruch. Und Einhalten von Verträgen, selbst zum temporären eigenen Nachteil, eben um der Vertragsmoral willen, mutet in diesem Zusammenhang geradezu als Dummheit an. Schlechte Beispiele verderben gute Sitten. Und so kopiert natürlich der kleine Gauner den großen, wobei die Anlässe eben immer mickriger werden. Machiavelli ist eine grandiose Erscheinung, eine beeindruckende Erinnerungsfigur im Veitstanz gegenwärtiger Politiker, egal ob in Bonn oder in der Bürgermeisterei einer thüringischen Stadt.

Es scheint überhaupt so, als habe mit der Vereinigung in Deutschland eine Garnitur von Politikern die Schalthebel der Macht besetzt, von der man nicht mehr genau weiß, wann sie einen mit dem ersten Skandal überraschen und wann mit dem letzten (ihrer Politikerlaufbahn). Indirekt hängt das alles, so behaupte ich in der namenlosen Tischrunde, mit dem zusammen, worüber schon Machiavelli meditierte: Ist Moral in der Politik eine wertbeständige Größe oder nicht?

Längst sind Koko-Bananen für Wandlitz oder Jagdhütten für Bezirkssekretäre im Thüringer Wald in den Schatten der Geschichte gerückt, lächerlich geworden: Die Gegenwart, durch den sogenannten Sozialismus nicht mehr getrübt, schreibt gigantischere Beträge. Und sie verdrängt eine junge Vergangenheit, von der immer noch Leute behaupten, sie müsse "bewältigt" werden.

Haben die Politiker der Nachsozialismus-Zeit das nicht längst auf ihre Weise getan? Geraten nicht angesichts von neuem, höchst lebendigem Politikerfilz alle

Bewältigungsversuche zu immer weniger interessierenden Veranstaltungen, oder zu Lachnummern, weil die neuen Beispiele eben rasanter sind, imposantere Größenordnungen haben, weil sie Frechheit und Ideenreichtum in einem Umfang präsentieren, der die Leute buchstäblich von den Sesseln reißt, abends nämlich, wenn die Reporter politischer Skandale im Fernsehen aus dem Nähkästchen plaudern?

Was war der gute alte Machiavelli gegen diese Garnitur, die sich uns da heute als Wahrer jeglicher Rechte und jeder Art Würde darstellt, als Hüter von Gerechtigkeit und sozialem Wohlbefinden, während es um genau diese Positionen in der deutschen Demokratie von Tag zu Tag dürftiger bestellt ist?

Machiavelli war ein ehrlicher Mensch, denn er verbarg seine Auffassung nicht. Moderne Politiker, von Flensburg bis Rom, von London bis zum Kreml sagen in puncto politischer Ehrlichkeit und Moral heute zu oft das genaue Gegenteil von dem was sie praktizieren.

Und erwarten vom Bürger, daß er sie für honorig hält. Und schelten die Medien, die ihnen das streitig machen. Und sind den Leuten böse, wenn sie der Interessenvertretungen der Politiker - Parteien genannt - überdrüssig sind.

Und: Verschwinden sang- und klanglos in der Toskana oder auf dem mecklenburgischen Dorf, wenn ihnen ein paar Wochen lang lautes "Buuuh!" entgegenschallt, wo immer sie sich sehen lassen. Aber erst dann. Und nur solange das "Buuuh" anhält.

Man versteht an dem namenlosen Tisch sein eigenes Wort nicht mehr, als plötzlich jeder sein persönliches Lieblingsbeispiel ausruft. Der Wirt kommt gelaufen, vermutet Streit. Bringt eilig neuen Wein zur Besänftigung der Gemüter.

Es ist wahr, die Lüge ist (leider) zum Instrument von Politikern geworden, die man eigentlich für wahrheitsliebend gehalten und dafür gewählt hatte. Es ist wahr, daß mancher von ihnen heute gar nicht mehr merkt, wenn er die Leute belügt, weil er schon an seine eigenen Lügen, die kleinen und die großen selbst glaubt.

Es ist, so meditiert einer aus der Runde, dessen Bemerkungen man im vergangenen Staat nicht so gern hörte, eine Tatsache, daß die Konsequenz der unbedingten Machterhaltung, wie wir sie nicht zum ersten Mal miterleben, nicht nur Machiavelli voll bestätigt, sie tut der erhofften, herbeigesehnten Demokratie Schlimmes an, sie wirkt wie saurer Regen auf Nadelwälder: Die Baumpopulation verdorrt. Wird zu Feuerholz. Papierbrei. Man muß tatsächlich, so erfahre ich auf dieser Zusammenkunft, gelegentlich die Stimmen der anderen hören, um zu begreifen, wie tief die Empörung heute sitzt. Enttäuschung bei jenen, die Besseres erwarteten. Scham bei jenen, die für Besseres auf die Straße gingen und nun das erhielten, wovor sie sich am liebsten verkriechen würden, damit sie nur niemand fragen kann, ob sie das damals auf der Straße wirklich so gewollt haben. Sie bekamen Politiker samt ihren Lobbys, sie bekamen ein Parlament, in dem die Sitzung bei nur noch sechs Anwesenden dann endgültig abgebrochen werden mußte. Sie bekamen als Chef einer mitregierenden Partei einen rechtskräftig Vorbestraften. Sie bekamen Skandale und stilles Geschäftstreiben, wie es das wohl selbst im seligen Weimar nicht in dieser Grössenordnung gegeben hat. Politik und Moral - zwei nicht zu vereinende Elemente? Hat Machiavelli recht gehabt?

Als Gegenbeweis werden Ehrlichkeitsbeteuerungen angeboten - ach was, sie werden inflationär, wie von Marktschreiern herumposaunt. Retten sie das Ansehen der Politiker? Eines Mannes zum Beispiele der mit seiner Vorstrafe heute nicht einmal als Briefträger einen Job bekäme, der den im Bundestag aber sicher hat?

Es waren diese Gedanken, die in der Runde zu der launigen (zugegeben, dem ernsten Gegenstand nicht ganz angemessenen) Idee führten, dem hervorragendsten korrupten oder verlogenen Politiker einen Negativ-Orden zu stiften, der das Porträt Machiavellis trägt.

Ich gebe zu, ich habe mich amüsiert. Aber als ich nachher, wie sie alle um mich herum leiser wurden, mein Glas Rosé ergriff, verspürte ich tiefe Enttäuschung über offenbar nicht aufgehende Hoffnungen in dieser neuen Gesellschaft, in der es selbstredend auch höchst ehrbare Politiker gibt. Man muß sie nur finden.

Ist unsere Demokratie - oder sind wenigstens Teile von ihr - in ihren Moralvorstellungen so alt wie Machiavelli? Wirklich? Oder?

Wir hatten im Scherz angefangen, mit der Stiftung dieses Negativ-Ordens, und wir wurden dann immer leiser, immer nachdenklicher, als wir merkten, daß wir unversehens das ernsteste Problem der Zukunft dieses deutschen Staates mit der von den Politikern so oft beschworenen angeblich größer gewordenen internationalen Verantwortung berührt hatten.

Und ohne es auszusprechen dachte jeder von uns daran, daß internationale Verantwortung doch wohl zuhause anfängt. Oder nicht?

Samstag, 24. April 1993

Manchmal glaubt man nicht, was man so hört. In einer Zeit, in der eine Boulevardzeitung mit der anderen um die umsatzträchtigste Schlagzeile kämpft, in der die Moderatorinnen im TV weniger Geist oder Witz, dafür aber mehr Oberschenkel zeigen, ist jede Lüge möglich: Selbst eine Holzbeinträgerin brächte es mit Hilfe modernster TV-Elektronik noch fertig, während sie einen Professor nach seiner Meinung über die tieferen Ursachen von Vergewaltigungen im ehemaligen Jugoslawien befragt, oberhalb ihres Knies eine Reizzone vorzuweisen, die keinesfalls mehr an Holz erinnert...

Lassen wir mal die Gegend beiseite, wo bei Damenstrumpfhosen der Strumpf in den Slip übergeht. Mir war nach Ironie zumute, als ich die Meldung zum erstenmal hörte, dann glaubte ich an eine Ente, handelsüblich, schließlich an eine selbstverständlich von Links kommende Zwecklüge, bis ich zuletzt im Fernsehen einen Privatsender einfing, der in dem was neuerdings Action News genannt wird, weil die deutsche Sprache so arm ist, genau den Gegenstand, um den es sich drehte, vor Ort erforschte. Und ab da glaubte ich nun, was ich vorher zu glauben mich geweigert hatte:

Seit die drei baltischen Länder (Ich warne, es geht nicht mit freigezogenen Oberschenkeln weiter!) nun nicht mehr "wiedergewonnene Territorien" oder "Nordgebiete" der Sowjetunion sind und es dieselbe dank Herrn Gorbatschows Bemühungen selbst nicht mehr gibt, entfaltet sich in diesen drei Ländern, in denen deutsche Ritterorden, deutsche Geistliche, deutsche Kaufleute, deutsche Generäle etwa in dieser Reihenfolge Politik und Kapital machten, die Demokratie frei und ungehindert. Und die treibt Blüten, die einem das Blut in den Adern zum Kochen bringen können.

Ich entsinne mich noch an Dwinger, den Autor, der den Freikorpskampf nach dem ersten Weltkrieg im Baltikum beschrieb, und der in meiner Jugendzeit viel gelesen wurde. Bei ihm war bereits die Rede von "einheimischen Mitkämpfern" gegen den sich ausbreitenden russischen Bolschewismus. Das waren Leute aus der rechtsgerichteten Bürgerschicht Litauens, Lettlands und Estlands, die den deutschen Freikorpstruppen bei der Bekämpfung der roten Gegner zur Hand gingen. Zum Abzug an der Flinte, um es treffender zu kennzeichnen. Bis zum bitteren Ende ging das so, als die bürgerlichen Regierungen der baltischen Länder sich schließlich im Einvernehmen mit den alliierten Weltkriegssiegern weitere Hilfe der Freikorps verbaten. Die Sache wurde zur Heldenlegende in Nazi-Deutschland aufgemotzt. Und dann, als Hitler sich mit Stalin über die Ausdehnung der gegenseitigen Interessensphären vertraglich einigte, in dem nun nicht mehr unbekannten Pakt, schlug die Stunde dieser baltischen Republiken erneut. Sie wurden dem Sowjetreich einverleibt. Mit Einverständnis Hitlers, der sich nur ausbat, daß ein paar Hunderttausend deutsch-germanisch aussehende Bewohner der Territorien, die zudem noch eine Ahnentafel befriedigend ausfüllen konnten, ins "Altreich" umgesiedelt wurden. (Unter "Altreich" verstand man damals auch schon das sogenannte Wartheland, das man 1939 Polen abgenommen hatte). Zwei Jahre tat sich im deutschbraunen Blätterwald nichts. Aber dann kam es gleich knüppeldick. Zu den ersten Eroberungen der Ost-Heere Hitlers gehörten die "baltischen Sowjetrepubliken", und die Sondermeldungen des Oberkommandos der Wehrmacht schwelgten in Freude, weil die einmarschierenden deutschen Truppen von den (meisten) Bewohnern freudig begrüßt wurden. Die Bemerkung, daß es sich da ja um "urdeutsche Gebiete" handle, war selbst bei schwachem Volksempfänger nicht zu überhören.

Das führte im weiteren Verlauf des zweiten Weltkrieges dazu, daß die deutschen Okkupationsbehörden eine Unmenge einheimischer Helfer zur Verfügung bekamen. Vorwiegend als Gendarmen, auch in anderen Teilen des okkupierten Gebietes verwendet und gefürchtet für ihre Grausamkeit. Aber auch als Aufseher in den KZ-Lagern für Juden und andere "endzulösende" Leute waren sie knüppelschwingend und schießend präsent. Hiwis nannte man sie auf deutscher Seite. Hilfswillige. Anderswo hießen sie schlicht Kollaborateure.

Jene ehemaligen Kollaborateure nun, jedenfalls jene, die die sowjetische Rache, die 1944 kam, überlebten, haben offenbar nicht die geringsten Schuldgefühle oder etwa ein Bedürfnis zur Vergangenheitsbewältigung, im Gegenteil. Sie erzählten vor der (deutschen) Kamera freimütig, wie sie etwa bei Massenerschießungen von Juden die "Arbeit" rationalisiert hätten, indem sie die Todeskandidaten sich jeweils auf eine Schicht bereits Toter in der Grube legen ließen. Männlein in einem Alter, von dem man - wenn schon nicht Weisheit, so doch Besinnung erwartet.

Und dann ein Staatsanwalt: Diese Leute waren von den Sowjets wegen Zusammenarbeit mit den Deutschen verurteilt, sind also heute rehabilitiert. Wegen Judenmord wurden sie nie vor Gericht gestellt. Eine erstaunliche Aussage.

Aber damit war der Schock noch nicht zuende. Weitere ehemalige Helfer der deutschen Besatzungsbehörden wurden interviewt. Sie hatten in der Wehrmacht gedient und trugen ihre Auszeichnungen. Zeigten Fotos von sich in Uniform vor, als Beweise. Sie waren guter Dinge, weil - wie inzwischen offiziell bestätigt wurde - ihnen für ihre Hilfsdienste in Einheiten der deutschen Wehrmacht jeweils mehrere hundert D-Mark an Zusatzrente aus Deutschland gezahlt werden.

Ich dachte an:

Bosnische Waffen-SS-Divisionen und kroatische Hilfstruppen der Nazis;

an französische Gendarmen, die für den SD im besetzten Gebiet Juden zusamentrieben, bis in die

Waggons mit dem Zielort Auschwitz;

an ukrainische Kollaborateure wie den in Israel verurteilten Demjanjuk (Majdanek);

- und an einiges mehr in dieser Art.

Dann stellte ich mir selbst die Frage: Werden sie jetzt alle Zusatzrenten aus Deutschland beziehen? Aus einem Deutschland, das den "Brüdern und Schwestern aus der DDR" nach der Wiedervereinigung ihre Zusatzrenten strich (die übrigens nicht für Judenmord oder vergleichbare Delikte zugestanden worden waren)!

Ich fragte mich auch: Wird die Berechnung der Altersrenten für ehemalige DDR-Bürger jetzt noch länger dauern, weil natürlich die ausländischen Helden des verlorenen Krieges Vorrang haben?

Ich fragte mich: Wie wird die nächste Ausrede lauten, wenn es darum geht, den Ost-Vertriebenen, die in der DDR untergekommen waren, den ihnen zustehenden Lastenausgleich zu zahlen?

Eine arbeitslose und ohnehin verbitterte Freundin von zuhause beantwortete das mit erschreckendem Sarkasmus: "Wir haben es versäumt, ein paar Juden zu töten, deshalb sind wir jetzt keinen Pfifferling wert!"

Ja, ich weiß, es ist ungerecht, das alles so einfach gegeneinander aufzurechnen. Es kann sich in Demagogie verlieren. Man sollte mit mehr Gelassenheit über das Phänomen nachdenken. Und als ich das zu tun begann, fiel mir ein, daß unsere Regierenden einen Einsatz deutscher Truppen im fernen Ausland unter anderem damit begründen, daß das noch durch Nazi-Deutschland geschädigte Ansehen der Deutschen in der Welt endlich wieder repariert werden muß. Denn wir sind ein normaler Staat unter anderen normalen Staaten geworden...

Ein so normaler Staat, daß er denen, die ihm einst halfen, sein Ansehen in der ganzen Welt nachhaltig zu schädigen, heute Zusatzrenten für ihre Kollaboration zahlt?

Sonntag, 25. April 1993

Eigentlich wollte ich nur durch die Innenstadt bummeln, mir die Veränderungen ansehen, sozusagen auf dem laufenden bleiben, was neue Einrichtungen in den Räumen alter betrifft, aber dann hatte ich dieses Erlebnis, das so gar nicht zu Weimar paßt, dem ehrenwerten Ort des Geistes, von dem manche ironisch - und wohl nicht ganz zu Unrecht - behaupten, er würde immer mehr zum Disneyland für Deutschlehrer.

Da fiel mir, als ich in der neuen italienischen Eisdiele ein Erdbeereis löffelte, ein, daß ich bisher stets gedacht hatte, Disney und Buchenwald, das ja schließlich auch zu Weimar gehört, stellen doch einen ziemlichen Kontrast dar. Hier der menschenfreundliche Zeichner der beliebten Maus, dort das Krematorium für Häftlinge? Gefehlt! Was ich bisher nicht hatte wissen können, erfuhr ich aus einem amerikanischen Buch, das mir ein Freund unlängst schickte, eine von Marc Eliot verfaßte Biografie über den Vater der Micky Maus.

Danach ist, so beweist der Autor anhand von Dokumenten, dieser große Menschenfreund etwas länger als fünfundzwanzig Jahre Informant des FBI gewesen. (Ja, auch die haben welche!)

Walt Disney - ein Spitzel, der Freunde ausforschte, Theaterleute, Filmschauspieler und andere, auf ihre Sympathien nach Links hin durchleuchtete und sein Wissen, das oft durch Vertrauensbruch zustande kam, Hoover und McCarthy verriet, den Kommunistenfressern während der hysterischsten Phase des kalten innenpolitischen Krieges in den Vereinigten Staaten.

Übrigens befand er sich dabei in trauter Gemeinschaft mit dem späteren Präsidenten und ehemaligen Schauspieler Reagan. Denunzianten unter sich. Ob man in Euro-Disney vielleicht neben den vielen Attraktionen noch so etwas wie ein Denunziantenkabinett errichten sollte? Gewissermaßen als Grusel-Einlage? Lassen wir das, ich wollte eigentlich nicht ironische Gedanken festhalten, sondern darauf kommen, daß ich auf meinem Spaziergang durch die weniger belebten und für Touristen nicht so interessanten Gegenden der Stadt Zeuge einer üblen Prügelei wurde, bei der junge Leute aus Weimar auf andere junge Leute auch aus Weimar eindroschen.

Ich hielt mich in gebührendem Abstand, wie einige andere Zuschauer des Spektakels, das Blut auf Gesichter und Gehwegplatten brachte, und ich erfuhr von einem anderen, neben mir stehenden Beobachter, daß es sich um "Rechte" und "Linke" handelte, die da aufeinander einschlugen. Nicht nur mit Fäusten, es gab auch Fahrradketten und Latten. Glaubensstreit, handgreiflich.

"Ganz einfach," kommentierte das der Mann neben mir, "die einen brüllen 'Schlagt die Faschisten', die anderen 'Schlagt die Roten'. Deswegen kriegen die sich in die Wolle. Rotten einander gegenseitig aus..."

So einfach ist das? Die Frage, weshalb junge Leute am hellen Tag weiter nichts zu tun haben, als einander zu verprügeln, bringt einen schon der Wahrheit etwas näher, denn - es wird nicht nur Sonntags geprügelt, auch in der Arbeitswoche. Die jungen Leute sind arbeitslos, außer ein paar Vorurteilen ideenlos, interessenlos, haben nichts zu verlieren. Und jeder sucht für diese Misere, in der er lebt, einen Schuldigen. Findet ihn. Verprügelt ihn, egal ob es der Richtige ist oder nicht. Manchmal endet sowas mit Schwerverletzten oder Toten. Unterhält man sich mit diesen "Rechten" oder "Linken", wenn sie mal nicht gerade prügeln, kommt man denn auch schnell dahinter, daß die Zustände in Deutschland heute, die Massenarbeitslosigkeit, die Benachteiligungen der Leute im Osten und ähnliche Faktoren die Polarisierung dessen was die jungen Leute jeweils als Weltanschauung bezeichnen, soweit vorangetrieben haben, daß die Entladung nur noch Gewalt hervorbringen kann.

Zwei Drittel von ihnen, so sagen Erhebungen, sind zu teils abstoßender Gewalt bereit. Nicht nur weltanschaulicher Fanatismus ist es, der sich da äußert. Es ist oftmals ein dumpfes Gefühl der Unzufriedenheit mit der ganzen Welt, in der man leben muß, mit den Leuten, die sich als Führer und Moralisten aufspielen und dann eines Tages als jämmerliche Konjunkturstrolche und Raffer entlarvt werden, als Heuchler, denen das Schicksal junger Leute in diesem Lande schnurzegal ist. Das erzeugt Wut, die erzeugt Gewalt.

Junge Kahlköpfe bestätigten mir das, die sich eine Zeitlang in einem "abgewickelten" Grundstück in meiner Nähe niedergelassen hatten und es vor dem endgültigen Verfall retten wollten, mit ihren bescheidenen Mitteln. Da kam übrigens die Polizei und vertrieb sie.

Ich gewann damals schon den Eindruck, daß all das Gejammer um geschlossene Jugendclubs und Abendtreffs nicht den Kern der Sache trifft. Es ist wohl der generelle Zustand der Gesellschaft und ihrer Repräsentanten, der junge Leute anwidert und sie in die Gewalt treibt. Da Gewalt keine Einbahnstraße ist, prallen sie mit andersdenkenden Gewaltbereiten zusammen, die als Ventil für ihre tiefgehende Frustration auch auf diesem Weg gelandet sind: Gewalt, egal gegen wen!

Linkes Denken - Rechtes Denken, sind das wirklich die echten Ursachen dessen, was wir an Gewalt mitansehen müssen? Oder prallen da Ideologien nur aufeinander, weil sie die beiden äußersten Extreme, die bloßliegenden Enden einer Palette von Empörten ausmachen? Weil ihre Auseinandersetzungen die Ordnungskräfte nicht interessieren? Keine Lobby! Weil ihre Auseinandersetzungen, wie ich vermute, sogar nicht einmal unwillkommen sind, schließlich ist es günstig, wenn die Extreme sich befehden, solange das läuft, kann das wohlsituierte Zentrum ruhig sein, es ist nicht Zielscheibe der Unzufriedenen - die rotten sich selbst gegenseitig aus, wie der Herr neben mir sagt.

Patentrezept für Windstille in einer nicht nur moralisch verrotteten Gesellschaft, in der die Führung ihr Heil in der Flucht nach außen sucht: Europa, der Traum. Kambodscha, das tropische Lockziel für Abenteurer, die gute Jungen sind, weil sie jemandem helfen. Bosniens Himmel, weil man aus ihm die Atzung für Hungrige in die Schluchten des Balkans wirft. Somalias sonnenverbranntes Grasland, auf dem man für die hehren Ziele der Menschlichkeit das Automatgewehr schleppt...

Wer denkt da noch an junge Leute die ihren Haß auf ihre Verlorenheit abreagieren, auf ihr Nichtgebrauchtwerden, indem sie auf Prügeleien ziehen?

Faschos klatschen, Glatzen klatschen, Neger klatschen, Fidschis klatschen - wo ist da noch ein Unterschied? Auch bei der von mir mitangesehenen Prügelei in Weimar kam, wie bei so vielen, keine Polizei, obwohl sie benachrichtigt wurde. Und da ich noch als kleiner Junge das ruhmlose Ende der Weimarer Republik miterlebt habe, darf es nicht verwundern, wenn ich mich in solchen Augenblicken daran erinnere, wie sich bei uns zuhause SA und KP ihre Straßenschlachten lieferten, ihre Saalschlachten, als das Gesetz nur noch formal galt, als keiner mehr in der Gewalt den Kern des Morgens erkannte, der dann über das Land hereinbrach.

Studienräte und Professoren aßen danach am Sonntag weiter ihr Ananaskompott, das ich nur vom Hörensagen kannte. Die KP wurde aufgelöst, die einzelnen Mitglieder ihrer Rollkommandos starben zu Tausenden in KZ's. Die SA war etwas später an der Reihe. Da genügte es, nur noch ihre Anführer zu erschießen und die Reste der Organisation auf Sparflamme zu schalten. Traditionsverein. Willfährige, wenig denkende Schläger. Leute fürs Grobe. Wenn man sie nicht mehr braucht, liquidiert man sie. Sollen die Studienräte und Professoren (nein, nein, das ist keine Intellektuellenhetze, man beachte die Realität!) weiter ihr Ananaskompott in Ruhe genießen, auch die Herren noch weiter oben. Aber die Schläger? Braucht jemand sie etwa heute schon wieder prügelnd auf den Straßen, um hinter ihrem Rücken nicht nur Ananas zu essen, sondern Politik zu machen, die das Morgen bestimmen soll?

Düstere Gedanken, derer ich mich nicht erwehren kann. Dazu kommt meine von inzwischen vier Gesellschaftsordnungen geprägte ausschweifende Phantasie, die mich einszweidrei vom scherzhaft so genannten Disneyland für Deutschlehrer auf den Denunzianten Disney bringt, und von dem auf den Vergleich des Endes der Weimarer Republik mit Erscheinungen auf den Straßen Weimars.

Da stecken möglicherweise unzulässige Vergleiche drin. Sie sind nicht Zeichen meiner Bosheit. Vielmehr entstehen sie bei mir aus einer verfluchten Ratlosigkeit, die ich, wie es scheint, mit den Politikern gemeinsam habe, als einziges. Ich meine jene Politiker, die man nicht eines Tages als Strolche entlarven wird, sondern die ehrlichen. Sie strapazieren, so scheint mir, das Prinzip Hoffnung. Das unterscheidet mich von ihnen, denn das habe ich zu oft in meinem Leben sich in Luft auslösen gesehen...

Wie heißt es bei den alten Chinesen? "Der Argwohn ist die Frucht der Erfahrung".

Montag, 26. April 1993

Mancher Tag wird dadurch erwähnenswert, daß sich in seinem Verlaufe entweder Erkenntnisse einstellen oder Fragen. Ich will zwei festhalten, die mir Lektüre vermittelte:

Wieso wird eigentlich Geschriebenes stets von klug sein wollenden Kritikern nach seiner angeblichen geistigen Bedeutsamkeit beurteilt und nicht nach seinem Einfluß auf Leser?

Der Kunstbetrieb von heute ist ein geschwätziges Gesellschaftsspiel, in dem die Person des Künstlers das Kunstwerk ersetzt. (Andy Warhol)

Dienstag, 27. April 1993

Die Frau von Dr. A. ruft an, aus dem Siegerland.

Das Bedürfnis, mit jemandem aus dem alten Bekanntenkreis zu sprechen, Neues über die Heimatstadt zu hören, ein bißchen Sehnsucht...

Es muß Anfang der achtziger Jahre gewesen sein, als A., Chefarzt der Frauenheilkunde, sich in unserer Straße niederließ. Ein gefragter, fähiger Mann, der bekannt dafür ist, daß er Operationen schafft, an die sich nur wenige seines Fachs im Lande wagen. Von natürlicher Bescheidenheit dabei: Ein Lebensstil, wie ihn unsere Eltern noch pflegten. Arbeit von früh bis spät, keine Extravaganzen, Ordnung in der Familie. Gefahren wird ein Dutzendauto. Die alte bürgerliche Tradition, die schon viele Modeerscheinungen der Zeit überdauert hat.

Wir pflegten nicht gerade eine hektische Freundschaft mit gemeinsamen Bratwurstabenden - das war wohl auch nicht unser beider Stil. Aber ich wußte, daß er meine Bücher gelegentlich las, und er wußte, daß ich seine Arbeit schätzte. Die Frauen plauderten manchmal ein bißchen, über den Zaun sozusagen, in einer Zeit, in der ein Hinweis auf Tomaten oder Erdbeeren, die es irgendwo gab, viel wert war.

Und dann kam die Katastrophe, die wir nur nach und nach begriffen: Die Eltern der Frau lebten im Westen. Betagte, nicht mehr gesunde Leute, die, wie sich ergab, in immer kürzeren Abständen Klinikaufenthalte nötig hatten, mal der eine, mal der andere, nicht selten beide zugleich. Frau A. beantragte ein Visum, sie wurde zur Hilfe gebraucht, eine Tochter, von den Eltern nur etwas mehr als hundert Kilometer entfernt. Aber da war die Grenze.

Sie bekam das Visum, aber das war vier Monate später, und die Eltern waren bereits wieder aus der Klinik entlassen. Nicht sehr glücklich darüber, daß die Tochter sie im Stich gelassen hatte. Und jedes neue Visum, so wurde Frau A. instruiert, müsse unweigerlich ein Vierteljahr zuvor beantragt werden. Woher weiß ein Mensch daß seine Eltern in genau einem Vierteljahr wieder einmal im Krankenhaus liegen werden und Hilfe brauchen?

Ob es da nicht eine kurzfristigere Lösung gab? Natürlich gab es sie. Die Dauervisa, auf ein Jahr befristet, oder auf mehrere, die je nach persönlicher Entscheidung zur Ein- oder Ausreise benutzt werden konnten. Ich wußte es. Schriftsteller, die gern "drüben" lebten, dort am Theater arbeiteten, oder einfach langfristige Studien betrieben, manchmal über Jahre, die dort Devisen verdienten, und die nicht einmal sehr freundliche Texte über das Phänomen DDR verfaßten, bekamen solche Visa.

Aus für Frau A. unerklärlichen Gründen bekam sie, eine Bürgerin ohne politisches Engagement, nicht einmal eine heimliche Kritikerin der Gesellschaft, so etwas nicht. Abgelehnt. Gründe brauchen nicht angegeben zu werden.

Die Eltern verstanden das nicht. Das Ehepaar A. auch nicht. Ich verstand ebenfalls nicht, wie da verfahren wurde. Aber keine Intervention half. Mit Vernunft führte, wie man in dieser Gegend sagt, kein Weg hinein.

Das Ergebnis war eine vorhersehbare Trotzreaktion. Eine Familie, die von sich aus nicht die geringste Neigung gehabt hatte, über die Grenze nach Westen zu wechseln, stellte einen Ausreiseantrag. Um für die alten Leute da sein zu können, wenn es nötig war, und nicht wenn es ein bürokratisches Visum erlaubte.

Was dann begann, war ein Abstieg. In dem Maße, in dem der Mediziner auf Ausreise beharrte, verschlechterte sich seine berufliche Lage. Eine Ausnahme möglicherweise, eine Dummheit irgendeines Verantwortung tragenden und sie scheuenden Bürokraten, aber die Leute wurden nicht mehr fair behandelt. Sie verstanden es selbst nicht. Ihr Anliegen war menschlich. Bürokratie ist das nicht, sie war es nicht und ist es heute auch keinesfalls. Ein verständlicher Wunsch mutierte so zum "Verrat an der sozialistischen DDR". Mir ging das nicht ein. Auch nicht als urplötzlich das Verhalten mancher Nachbarn sich veränderte, sie grüßten nicht, und sie erwiderten nicht einmal mehr einen Gruß. Weil sie so gute Sozialisten waren? Das glaube ich nicht. Ich nahm mir die Freiheit, meine Haltung nicht zu verändern. Nicht nur, daß wir uns weiterhin grüßten und miteinander sprachen, ich gab sogar den einen oder anderen Rat, wenn ich glaubte, daß er helfen könnte. Hatte das etwas mit meiner prinzipiellen Haltung gegenüber dem sogenannten "Underdog" zu tun, an der ich seit meiner Schulzeit festhielt: Auf wen alle einprügeln, dem muß man helfen - Ehrensache?

Ich hatte weder Nachteile dadurch, noch sprach mich auch nur jemand darauf an. Eine Antwort hätte ich schon parat gehabt. Ich habe nämlich noch die Zeit erlebt, in der Leute plötzlich mit einem gelben Stern auf der Brust herumlaufen mußten, und jeder sich so sehr vaterlandstreu vorkam, wenn er sie nicht mehr sah, von einem Gruß gar nicht zu reden. Mag sein, man soll diese beiden Erscheinungen in unserer deutschen Geschichte nicht vergleichen, ich tue es, um auch schwerfällige Denker zu provozieren.

Es wurde Sommer 1989, bis die A.'s endlich ausreisen konnten, für immer, was sie eigentlich gar nicht gewollt hatten, und was ihnen einigermaßen schwerfiel. Heimat ist für manche Leute eben Heimat, auch wenn mancher rüde Modernist das belächelt. Der ABV - auch das eine Regelung, die ich bis dahin nicht kannte, auch nicht für möglich gehalten hätte - mußte sie bis an den Zug bringen und Meldung darüber erstatten, daß sie tatsächlich abgefahren waren. (Seine Frau hatte übrigens zu Dr. A.'s Patientinnen gehört).

Es vergingen zwei Jahre, bis die A.'s sich wieder meldeten. Der Doktor hatte lange um die Anerkennung seines beruflichen Status kämpfen müssen, da er im

Westen auf eine andere Art Bürokratie traf als jene, der er gerade entronnen war. Möblierte Zimmer, aufreibende Dienste, wenig Freunde. Dann ergab sich die Chance, eine Chefarztstelle in einer Frauenklinik im Siegerland zu übernehmen. Eine Wohnung wurde gefunden, Möbel gekauft, die Patientinnen begannen zu begreifen, daß sich mit diesem Ost-Arzt ein rares Juwel in ihre Gegend verirrt hatte. Die Vorgesetzten wohl auch. Sie bestaunten nicht nur das Können, auch die Disziplin des Arztes, sein Bestreben, sich ständig mit neuem Wissen und neuen Erkenntnissen auf dem laufenden zu halten.

Kollegen luden ihn zum Tennis ein. Er bat um Entschuldigung, er sei dabei, den Umgang mit dem Computer zu erlernen. Er kaufte weder die teuerste Vorzeige-Automarke, noch trug seine Frau Dior. Nicht einmal Jil Sander. Und er selbst rieb sich nach der Rasur nicht etwa mit Joop ein, nur weil es 'in' war, er kaufte Bücher, ja, gab etwas für seine Sammelhobbys aus, fiel weder auf, noch biederte er sich auf Gartenpartys an. Ab und zu packte er seine Frau in seinen japanischen Mittelklassewagen und fuhr nach Weimar. Besuchte alte Freunde. Kam bei uns vorbei. Es gab tausend Dinge, über die zu sprechen war. Es wird sie weiter geben.

Ist das ein typisch deutsches Schicksal? Ein argloser Mann, der ohne akzeptablen Grund aus der Bahn geworfen worden war, und der eine neue zu finden hatte. Ich fragte ihn, ob er zurückkommen würde, jetzt, da die meisten Heranwachsenden schon gar nicht mehr wissen, was ein Visum zwischen Deutschland und Deutschland eigentlich war, was eine Zählkarte...

Er bleibt. In seinem Alter wirft man die mühsam geschaffene Existenz nicht zum zweitenmal, weg. Aber er lächelte, als er mir das anvertraute.

Und er verriet mir fröhlich: "Inzwischen gelte ich, weil ich vieles nicht mittue, weil ich immer für Patienten da bin, ohne daß sie ein Bankkonto in Zürich haben müssen, weil ich mich gegen Bürokratie in der Klinik zuweilen wehre, als 'Roter'. Ausgerechnet ich, ist das nicht spaßig?"

Ich habe Zeit gehabt, darüber nachzudenken. Und auch darüber, wodurch sich dieser Ost-West-Export wohltuend von so manchem West-Ost-Import unterscheidet, den wir seit der Wiedervereinigung hier auf dem Hals haben.

Ich war nicht so recht froh über das Ergebnis.

Mittwoch, 28. April 1993

Wir saßen damals zum ersten Mal in Singapore beisammen, als drüben im malaiischen Johore nach einem blutigen Unabhängigkeitskampf die britische Flagge eingezogen und die der neuen Federation Malaya gehißt wurde. Das war 1957. Dann sahen wir uns in Peking. Aßen Nudeln bei unserem alten Freund A. W. Oder im Hsin Chiao Hotel, da frühstückten wir gelegentlich in der Dachetage etwas das sich europäisch nannte. Phnom Penh durchstreiften wir und Angkor, sowie manche am Wege liegende Bar. Ließen das Caravelle in Saigon nicht aus (wo er mir half, einen der als Souvenirs weltweit geschätzten Aschenbecher aus der Kolonialzeit zu mausen), und es gab ein Wiedersehen in Berlin/Ost, als er hier recherchierte: N.C., Alt-Reporter einer der seriösesten britischen Wochenzeitungen, ein Mann ohne Berührungsängste und Vorurteile, ein Freigeist, der jede Anpassung verspottet, ein guter Zuhörer, besonders in Deutschland, weil er Deutsche mochte und immer noch mag, obwohl er nicht sagen kann weshalb. So ist er imstande, sich heute "studienhalber" aber auch einfach aus Sympathie, wie er sagt, in Leipzig mit einer Horde von Arbeitslosen in einer Vorortkneipe zu besaufen. Und dabei zu erspüren, was in ihnen vorgeht. In den Leuten im Osten Deutschlands überhaupt, die er ja vorher schon kannte, ein bißchen, und die jetzt anders sind als früher, wie er meint.

Bei mir macht er Station, um sich mal richtig auszuschlafen. Er hat noch eine Fahne, daß selbst unsere sonst neugierige Katze Kitty die Nase rümpft. Und wir denken an A.W., den es nicht mehr gibt, worauf wir, weil es draußen schön frühlingswarm ist, den Holzkohlenrost anwerfen und uns ein paar echte Thüringer braten.

N. will wissen, ob ich es mir denn überhaupt noch leisten kann, in der trüben deutschen Misere Gäste mit teuren Fleischwaren zu bewirten. Ich muß ihn daran erinnern, daß er weniger Gast ist, eher Freund, und als das geklärt ist, nutze ich die Gelegenheit, ihm noch eine Tasse von einer Spezialität einzuverleiben, die ich aus (sehr starkem) Kaffee, Rum, Zitronenschale, Zucker und Zimtnelken zu brauen verstehe, und die ihn schließlich vom Kater befreit, einerseits, andererseits seine "berufliche Zunge" löst, und er vertraut mir an, daß er unterwegs ist, um die geheimnisvolle Seele ostgermanischer Urbewohner zu ergründen, über die das gesamtdeutsche saubere Tuch kam, und über die in England, nicht wenig gesprochen wird. Befindlichkeit ist das modische Stichwort.

Zwanzig Leute hat er befragt. Hat Antworten bekommen, von denen er glaubt, daß seine englischen Leser kaum beruhigt darüber sein werden. Jetzt will er von mir wissen, ob ich es auch so empfinde, daß die soziale Sicherung der Bürger im Osten Deutschlands in der Vergangenheit besser war als nach der Vereinigung. Ich bestätige ihm das. Füge an, daß sie eine Menge gekostet hat. Geld, das nicht in Besitzstände von Einzelpersonen verwandelt wurde, sondern dem Ausgleich von Härten diente. Dilettantisch angewendet, manchmal zum Kopfschütteln, aber in redlicher Absicht. Er bestätigt mir, daß er achtzehn ähnliche Antworten gesammelt hat.

Ob Deutschland, das vereinte, einmal wieder zu einer Gefahr für Nachbarn werden könnte, und was wohl dazu führen würde. Ich sage ihm, das wird von der Schicht abhängen, die Deutschland regiert, nicht vom einzelnen Bürger, selbst wenn er noch so gern mit Pistolen spielt. Und als er auf die Kraft verweist, die einzelnen Bürgern zufließt, wenn sie sich - etwa bei Demonstrationen - vereinigen, muß ich seine demokratischen Illusionen dämpfen. Ich glaube nicht, daß auch nur eine einzige Demonstration etwas am Kurs einer Regierung zu ändern vermag, die zum Handeln entschlossen ist, in diesem Deutschland, vereinigten. Man wird besänftigen, vermitteln, über Kompromisse reden, über sonstwas, zwischendurch mit Schlagstöcken und tränentreibenden Wasserstrahlen operieren, und derweil werden die Soldaten bewaffnet in die Maschinen steigen, um irgendwo in Afrika "für Frieden und Ordnung" zu sorgen. Sie werden übrigens, wie immer zuvor schon, sagen können, sie handeln lediglich auf Befehl. Höchstwahrscheinlich nun auch noch auf den des ägyptischen UNO-Chefs. Wenn es den dann noch gibt. Aber diesen Einwurf macht er.

Ob ich persönlich mich heute besser fühle als in der untergegangenen Gesellschaft. Ich sage ihm, daß ich das nach vierundvierzig Jahren werde beantworten können. Das befriedigt ihn nicht: Ob ich denn nicht besser lebe? Ich gestehe ihm, ich muß nicht mehr um ein Kilo Zement betteln, wenn ich ein Loch auf meiner Terrasse flicken will. Die Regale sind voll, die Geldtaschen leer, ob ihm das genügt?

Es genügt ihm, er kommt aus England, dort hat man mit dem was die einen hier "fortschreitende Verarmung" nennen, die anderen "Aufschwung Ost", wieder andere "Umverteilung von unten nach oben" seit seiner Jugend Erfahrung.

Wird es soziale Unruhen im Osten Deutschlands geben? Ich weigere mich, als Prophet aufzutreten.

Aber ich glaube daran nicht. Wenn dieser Staat, der andere wegen Gewaltanwendung gegen eigene Bürger stets so lautstark anzuklagen versteht, selbst in die Verlegenheit kommt, seinen Machtanspruch zu sichern, wird er das ohne Skrupel tun. Er wird der dann "größer gewordenen Verantwortung für Ruhe und Ordnung im Inneren" gerecht werden. Mit allen Kampfmitteln, die ihm zur Verfügung stehen, reichlich. Das wird soziale Unruhe, sollte sie sich tatsächlich offen äußern, schnell niederschlagen, niederreden, niederschwindeln, niederheucheln, niederbeten. Etwa in dieser Reihenfolge.

"Hör auf," stoppt er mich, "du bist der alte Zyniker geblieben. Gibt es überhaupt jemanden auf der Welt, dem du heiligen Dank schuldest?"

"Einer unbekannten polnischen Hure," antworte ich wahrheitsgemäß. "Sie hat mich Ende 1945, als ein sadistischer Milizkommandeur in Hermsdorf am Kynast mich schon darauf vorbereitet hatte, daß er mir am Sonntag bei Glockengeläut zu seinem persönlichen Vergnügen ins Genick schießen würde, in der Samstagnacht laufenlassen. Sie schlief mit dem besoffenen Banditen, der die einzige Autorität weit und breit war, und sie klaute ihm den Zellenschlüssel, öffnete mir, drückte mir noch ein Brot in die Hand und spornte mich an, schnell zu verschwinden. Wäre sie nicht gewesen, wäre ich mit 18 Jahren verscharrt worden. Ich wäre nicht der einzige meiner Familie gewesen..."

"Trinken wir einen auf deine Rettung," schlug N. vor. Er gab sich Mühe, fröhlich zu sein, in Wirklichkeit allerdings war er nicht glücklich über das was er im Osten dieses "größer gewordenen" Deutschlands herausgefunden hatte. Ich konnte ihn nicht trösten.

So schieden wir als Freunde, wie das immer gewesen war. Er war unschlüssig, was er mit den Ergebnissen seiner Recherche anfangen, ob er sie vielleicht besser vorerst vergessen sollte. Auch da konnte ich ihm nicht raten. Wir hatten vieles zusammen erlebt. Hatten einander respektiert, obwohl wir aus sehr verschiedenen Welten kamen. Hatten einander beigestanden. Was der eine mit der Wahrheit anfing, die den anderen zumindest berührte, das mußte er ohne den Freund entscheiden. No bad feelings. Kein Groll nachher.

Selbstverständlichkeit unter Männern, die den Tod gesehen, ihn gemeinsam studiert haben, ihm ausgewichen sind. Ob ich N.C. noch einmal sehen werde? Er klagt über Herzschmerzen.

Um die Sache abzumildern, rate ich ihm, den Whisky zu meiden. Die Zigaretten, die ich schon lange aufgab.

Wie er mich so anblickt, weiß ich, was er denkt. Recht hat er, aber ich werde es ihm nicht sagen. Ich gieße noch einmal nach. Und dann puste ich mir mit meinem Asthmaspray eine Ladung in die Kehle, um Luft zu kriegen, damit das letzte Cheerio nicht wie herausgewürgt klingt...

Donnerstag, 29. April 1993

Heinz G. ist gestorben. Ich erfahre nur den Fakt, keine näheren Umstände, auch nicht das Datum. Ein gemeinsamer Freund aus Erfurt teilt es mir mit. Traurig. Aber wenn man sich annähernd vier Jahrzehnte nicht mehr gesehen hat, dann ist das eigentlich schon eine Kleinigkeit Tod gewesen.

Heinz hat nie geschrieben. Er wollte vermeiden, daß er im freien Amerika, wo er lebte, Anlaß zu erneuten Zweifeln an seiner Loyalität gibt, ohne es zu wollen. Doch da bin ich schon mitten in der Geschichte, an die ich denken muß, während ich ihm wünsche, daß die Erde, die ihn deckt, leicht ist...

Wir befreundeten uns Anfang 1950. Ich redigierte um diese Zeit eine Betriebszeitung für die Handelsorganisation, bei der ich arbeitete, er saß ein paar Türen weiter. War aus der sowjetischen Kriegsgefangenschaft heimgekehrt. Was ich nachtragen muß: Er sprach einmal vage davon, daß er kurz vor seiner Einberufung geheiratet habe, die Frau aber in den Kriegswirren umgekommen sein müsse, es gäbe keine Spur von ihr. Allerdings sagte er da nur die halbe Wahrheit, und das war dem Umstand zuzuschreiben, daß er aus der Kohlengrube in Karaganda, wo er an der Schüttelrutsche schippte, auf eine der sogenannten Antifa-Schulen geschickt worden war. Man wollte ehemalige deutsche Soldaten durch Konfrontation mit marxistischer Theorie "umerziehen". Im Falle von Heinz G. hatte das gewissen Erfolg gehabt: Er war, wie die meisten Gutgläubigen von uns, voller Tatendrang, die Welt zu verändern.

Und dabei sprach er eben nicht davon, daß seine Frau nur zur Hälfte Deutsche gewesen war. Laura, ich lernte sie bald auf überraschende Weise kennen, hatte einen amerikanischen Vater, (der in den zwanziger und dreißiger Jahren in Frankfurt irgendeine heimatliche Firma vertrat), und eine deutsche Mutter. Das Mädchen wurde Ballettänzerin, nicht Solistin, nein, in der langen Reihe tanzte sie, aber immerhin...Als der Krieg begann, war Amerika neutral. Die Familie lebte weiter in Frankfurt. Und Heinz verliebte sich in Laura. Heiratete sie vom Fleck weg, im Sommer des unheilvollen Jahres 1941.

Drei Wochen nach der Hochzeit kam er an die Ostfront. Und dort, nach ein paar Monaten, in denen er nicht schrieb, geriet er auf einer Vorauspatrouille als Infanterist in sowjetische Gefangenschaft.

Laura erhielt eine Vermißtenmeldung. Erfahrene Kriegsbeobachter sagten ihr, sie solle sich an den Gedanken gewöhnen, Witwe zu sein. Vermißte pflegen nicht wieder aufzutauchen.

Das war nicht nur der Liebe wegen schlimm. Laura war - was Heinz nicht mehr erfuhr - schwanger. Ihre Eltern verließen in Vorahnung kommender Ereignisse Deutschland. Zu ihrem Mißfallen blieb die Tochter da. Frau eines deutschen Soldaten, mit der törichten Hoffnung, sie werde die Chance haben, ihren Mann wiederzusehen, ihm seinen Sohn zu präsentieren. Oder seine Tochter.

Als Hitler nach dem japanischen Überfall auf Pearl Harbor nibelungentreu den Vereinigten Staaten den Krieg erklärte, wurde Laura in Frankfurt zur Gestapo bestellt.

Weil der sie vernehmende Beamte sich allzu abfällig über die Vereinigten Staaten äußerte, sie fragte, ob sie jüdisch sei, weil sie angeblich so aussähe, und man deshalb überlegen müsse, ob der an ihrem gewölbten Leib erkennbare Fehltritt eines inzwischen toten deutschen Helden nicht doch besser ungeschehen gemacht werden sollte, medizinisch, schmiß sie ihm ein Tintenfaß ins Gesicht.

Das Kind war ein Junge. Sie brachte ihn im KZ Flossenbürg in der Oberpfalz zur Welt.

Um diese Zeit war sie so gut wie blind. Das mit dem

Tintenfaß hatte ihr Schläge eingebracht, von denen einer am Hinterkopf einen Sehnerv lädierte.

Es gab einen Handwerker aus der Umgebung Flossenbürgs, der im Lager arbeitete. Er muß wohl geahnt haben, daß ein US-Baby nach der damals schon absehbaren Pleite des Krieges gewisse Vorteile bringen könnte, vielleicht war er auch einer der selten anzutreffenden Uneigennützigen, jedenfalls gelang es ihm, das Kind aus dem Lager zu schmuggeln, mit einem Handwagen, und es am Leben zu erhalten, was der nahezu hilflosen Gefangenen Laura nie möglich gewesen wäre.

Eines Tages rief ein amerikanischer Master Sergeant ihren Namen auf und fragte, ob die Eintragung im Register stimme, mit der amerikanischen Herkunft. Sie tastete sich zu ihm, der zu den Befreiern gehörte und erzählte ihm in der vertrauten Sprache ihre Geschichte. Als nächstes wurde der Sohn gesucht und gefunden. Lauras Blindheit konnte in den Vereinigten Staaten operativ geheilt werden. Aber da war der kleine Junge - er durfte, da der Vater deutsch und er selbst in Deutschland geboren war, nicht so ohne weiteres in die USA verbracht werden. Schließlich fand sich ein Weg, im Rahmen des sogenannten Deportation Acts, der lediglich die nachteilige Bestimmung beinhaltete, daß der junge Mann bis zu seinem 21. Lebensjahr die USA nicht verlassen dürfe. Aber das war egal und vergessen: Die Großeltern nahmen ihn mit großer Freude auf, die Mutter verbrachte Zeit in der Klinik und sah dann, nach der Heilung ihren Jungen, (bei dessen Geburt hatte sie ihn nicht sehen können,) zum ersten Mal. Sein Eintritt in die Grundschule nahte heran...

Es ist eine lange Geschichte mit vielen Wendungen, die ich hier lieber ausspare. Vielleicht finde ich noch einmal die Kraft, ein Buch daraus zu machen, das wird dann ausführlicher sein. Jedenfalls suchte sich Laura einen Job an einem Off Broadway Theater. Aber sie war inzwischen, dezent ausgedrückt, etwas mollig geworden, und mit der Tänzerei ging das nicht mehr. Dafür erhielt sie unzählige Angebote, in den vielen Nachkriegskomödien "die dicke Lady" zu spielen.

Sie tat das. Und sie verdiente gut. Kaufte ein Haus im Grünen, ein Pony für den Jungen. Ließ nebenher eine Menge Nachforschungen anstellen, wo denn Heinz zu Tode gekommen und begraben sei. Bis sie damit den überraschenden Erfolg hatte, mitgeteilt zu bekommen, der Gesuchte sei heimgekehrt und arbeite in Weimar, sowjetische Besatzungszone Deutschlands, als Angestellter in seinem alten Beruf, beim Handel.

Ach ja, übrigens heiße dieses Gebiet jetzt offiziell DDR, aber die Einreisegenehmigung sei nur über die Russen zu bekommen...

Im "Erfurter Tor", wo wir gelegentlich einen Krug Bier leerten, zeigte mir Heinz dann eines Abends sprachlos das Telegramm aus New York: "Ankunft 14 Uhr 3o Berlin Tempelhof. Sei dort. Küsse, Laura."

Darauf tranken wir mehrere Krüge, und ich erfuhr, was er bisher nicht über seine Frau gesagt hatte. Aus Berlin kam er mit Laura zurück, die von den Karlshorster Sowjets, sicher in Anbetracht ihrer in Flossenbürg verbrachten Haft, wie eine VIP behandelt worden war. Aufenthalt in der DDR, solange sie ihn auszudehnen wünsche.

Ich verstand mich mit Laura sogleich. Sie war ein gutmütiger Mensch, und sie war glücklich, Heinz wiedergefunden zu haben, glücklicher noch, daß er sich an ihrer Molligkeit nicht im geringsten stieß, sie auslachte, wenn sie Komplexe durchblicken ließ.

Wir saßen so manchen Abend beisammen und beratschlagten über das heikelste Problem, das es für die beiden gab: Sollte Laura in Deutschland bleiben, was sie durchaus zu tun bereit gewesen wäre, oder sollte Heinz mit ihr nach New York gehen?

Der Punkt um den sich alles drehte, war der Junge. Er war ungefähr zehn Jahre. Der Vater hatte ihn nie gesehen, nur ein Foto, auf dem er sein Pony ritt. Blieb Laura in Deutschland, war sie jederzeit in der Lage ein Engagement am Theater zu bekommen, aber dann würde der Junge für den Vater auf weitere elf Jahre unerreichbar sein. Ging der Vater mit der Mutter aus der DDR weg, so mußte er es - nach den Gesetzen jener Zeit - illegal tun. Für einen, der von sich sagte, er sei überzeugter Kommunist, eine harte Sache.

Ich hielt es trotzdem für den einzigen vernünftigen Ausweg aus der Misere. Ich redete mit Heinz lange darüber, daß Ideologie (wie immer sie in jener Antifa-Schule gelehrt worden war) wohl die eine Sache wäre, die Familie aber eine andere.

Eine Einstellung, mit der ich bei Laura Zustimmung fand, bei Heinz nicht. Aber schließlich, nach Monaten, als die Sehnsucht nach dem Burschen auf dem Pony immer stärker wurde, gelang es mir, ihn zu seinem entscheidenden Schritt zu bewegen.

Er hatte zuvor alle Autoritäten konsultiert, die es damals für ihn gab. Jeder zuckte bedauernd die Schultern. Wies ihn anderswohin. Wer kennt nicht das Problem "Das hatten wir noch nicht!" Keiner war bereit, die Verantwortung für eine ordentliche Ausbürgerung von Heinz G. zu übernehmen. Ich riet ihm, seinen wenigen Kram zu packen und nach Frankfurt zu reisen, was damals bei den offenen Grenzen noch leicht möglich war. Laura war glücklich, als er endlich einverstanden war, wie er es bezeichnete "unehrenhaft wegzugehen".

So hatte ich ihm zum ersten Mal geholfen, endlich, nach allem was das Leben mit beiden angerichtet hatte, in seiner Familie zu leben. Aber das genügte, wie es sich herausstellte, nicht. Ich hatte die verbohrte subjektive Ehrlichkeit von Heinz G. unterschätzt. Oder das was er dafür hielt. Als er den berühmten Einwanderungsantrag beim US-Konsul in Frankfurt ausfüllte, schrieb er prompt hin, er sei Kommunist, und zwar aus Überzeugung. Der Konsul muß ein vernünftiger Mann gewesen sein. Er sprach mit Laura, die ja die Einwanderungshindernisse kannte, und dann zerriß er den Fragebogen und riet ihr, mit ihrem Mann wiederzukommen, wenn der bereit sei, da hineinzuschreiben, er sei in sowjetischer Kriegsgefangenschaft sozusagen in die kommunistische Weltanschauung gedrängt worden, mit dem Versprechen, das bringe Vergünstigungen, habe aber inzwischen keine innere Beziehung mehr zu ihr.

Laura schrieb mir, ich solle kommen. Nach Frankfurt. Noch einmal diesen Holzkopf, geliebten, bearbeiten, als Freund. Ich schaffte es, hinzukommen. In einem Biergarten redete ich Heinz seine letzten Skrupel aus, indem ich ihn immer wieder an seinen Sohn erinnerte, ich ließ auch nicht die Bemerkung aus, daß die Travellerschecks seiner Frau, von denen die beiden in einer Mansardenstube in Bornheim lebten, nicht unerschöpflich seien, und schließlich predigte ich ihm, daß es ja in den Vereinigten Staaten auch Kommunisten gäbe, also, wenn er unbedingt dort einer bleiben wollte, dann sollte er das zum Teufel tun, aber er sollte dem Konsul erst einmal diese verdammte Nichtigkeit in den Fragebogen schreiben, schließlich sehne sich Laura auch nach ihrem Jungen...

Es wurde ein langes, zeitweise heftiges Gespräch: Einer aus dem Osten bedrängt einen, der schon im Westen ist, endlich wenigstens pro forma den Kommnunismus zu vergessen und nach Amerika zu gehen, zu seinem Sohn!

Ich hatte Erfolg. Als es feststand, nahm mich Laura beiseite. Ich werde nie ihre braungrünen Augen vergessen, als sie mich weinend darum bat, Verständnis zu haben, daß Heinz von "drüben" nicht an mich schreiben würde. Er müsse in dieser antikommunistischen Atmosphäre damit rechnen, daß er beobachtet und bespitzelt würde.

Wem sagte sie das? Ich kam aus einem Land, in dem der Staatsapparat ein wachsames Auge auf ehemalige

Offiziere der Wehrmacht hatte, auf Leute, die in westlicher Kriegsgefangenschaft gewesen waren - was immer das helfen sollte.

Das Spionagefieber ging um. Es war um diese Zeit, als ich begann, mich für die Techniken von Spionage und Abwehr zu interessieren, ich fraß buchstäblich jedes Buch, jede Studie, die ich darüber in die Hände bekam. Es war die Glanzzeit des Kalten Krieges, die obere Hälfte der Karriere McCarthys eingeschlossen. Also wartete ich nicht auf Post. Und behielt die Erfahrung dieser Tragödie der Kriegszeit und ihrer schlimmen Folgejahre für mich. Nur ein paar enge Vertraute wußten noch davon. Einer unter denen hat es jetzt geschafft, in der Riesenstadt New York die Spur des deutschen Einwanderers Heinz G. ausfindig zu machen. Noch habe ich nichts weiter als den Tod von Heinz erfahren. Es wird seinen Jungen geben. Aber der würde, wenn ich in absehbarer Zeit die Chance bekäme, ihn zu treffen, mehr als doppelt so alt sein wie ich war, als ich seiner Mutter half, den Vater zu einer Lüge zu überreden, die sein Leben vom Kopf wieder auf die Beine stellte. Und wie ich amerikanische Leute kenne, würde er seine Schwierigkeiten haben, das nachzuvollziehen, was ich ihm über eine Zeit erzähle, in der er jenseits des Ozeans auf seinem Pony ritt...

Freitag, 30. April 1993

Dieses Land wird in zunehmendem Maße unregierbar, seine politische Klasse ist verschlissen oder ratlos, eine Art Inzucht hat da um sich gegriffen. Wer in dieser Schicht nicht korrupt ist, das könnte nur noch durch Tiefenprüfung festgestellt werden.

Experten haben herausgefunden, daß die reale Zahl der Arbeitslosen, wenn man alle Verschönerungsversuche unterläßt, sechseinhalb Millionen beträgt. Als die Weimarer Republik starb, gab es etwa ebensoviele.

Über solche Probleme unterhalte ich mich mit einem "abgewickelten" Journalisten. Er war nicht zuverlässig genug, die täglichen Skandalgeschichten um Prinzessinnen und Sportgrößen, Filmschauspieler und Minister zu redigieren. Auch eine "nichtkommunistische" Rezension Stephen Kings oder der Rolling Stones traute man ihm offenbar nicht mehr zu. Jetzt beschäftigt er sich, um geistig nicht zu verkümmern (ein Los, das die "Abwickler", wie ich vermute, einem großen Teil der ehemaligen Intelligenz zugedacht hatten) mit allen möglichen interessanten Forschungen über die Gegenwart. Auch mit Statistiken.

Ich stelle mir und ihm die Frage, was aus dem Land wird, in dessen Osten die Menschen sich mit zählbaren Ausnahmen wie die Bewohner eines Generalgouvernements vorkommen. Man braucht lediglich ihre Stimme, als Alibi, wenn gewählt wird, so die Meinung von Hunderttausenden, sagt mein Journalistenfreund. Die Fabriken des Ostens (ebenfalls mit zählbaren Ausnahmen) sind tot, meint er, wielange hat da der Mensch noch, bis auch er überflüssig ist, endgültig?

Ich muß eingestehen, daß auch ich diese Frage immer öfter zu hören bekomme.

Es sieht so aus, als werde Deutschland in Zukunft seine Bedeutung und Größe (was für ein Wort!) wieder durch militärische Leistung belegen. In anderen Erdteilen, wie sich ankündigt, aber auch in Europa. Mir ist nicht wohl dabei. Kassandra zu spielen ist eine Sache, mehr als sechs Jahrzehnte deutscher Geschichte miterlebt zu haben, eine andere.

Schriftsteller, darüber werde ich mir mit meinem Freund einig, können kaum etwas tun, um Vernunft in die Welt zu bringen, so heißt es heute oft unter Resignierten. Ich möchte das eigentlich nicht so unbesehen glauben, aber auch ich sehe keine Chance, das Argument stichhaltig zu widerlegen. Ist dies der Zeitpunkt, zu dem man sich in sein Schicksal ergibt?

Diesem Land, so heißt es amtlich, fehlt Geld für so viele Aufgaben, die vor allem die Vereinigung brachte mit ihrem überstürzten Prozeß der Verwestlichung des Ostens, materiell und geistig. Geld ist knapp. Aber unser Militär hat Geld. Für Aktionen die angeblich dem Frieden dienen, in Südostasien, in Somalia, in der Adria, auf dem Balkan, anderswo...

Nur damit wenigstens einmal festgehalten ist, was mein Journalistenfreund herausfand, und damit nicht ein jeder sagen kann, er habe wieder von nichts gewußt, hier die Statistik von der ich möchte, daß alle sie kennen, von der ich aber weiß, daß die politischen "Macher" sie nicht hören wollen:

Kriegführen tötet Soldaten. Zu verschiedenen Zeiten hatte das unterschiedliche Preise. So kostete die Tötung eines gegnerischen Soldaten (nach D-Mark aufgerechnet):

Zur Zeit Cäsars 1,75
Zur Zeit Napoleons 6 900,00
Im 1. Weltkrieg 48 000,00
Im 2. Weltkrieg 115 000,00
Im Vietnamkrieg 690 000,00

Weiterrechnen sollte jeder für sich. Auch verglichen mit den Budgets der Kommunen ist das aufschlußreich.

Und da man zum Töten Waffen braucht, hier noch ein paar Positionen aus dem letzten internationalen Waffenkatalog, mit Preisangabe in Dollar (US):

1 AK-47 (Kalaschnikow) 197,00
1 MPi "Scorpion" 356,00
1 RPG-7 (Panzerfaust) 1 988,00
1 Granatwerfer (12 cm) 18 125,00
1 Panzer (T-72) 788 888,00
1 Kampfflugzeug (MiG-29) 21 588 888,00

Die Begräbniskosten für Soldaten variieren, je nach den Umständen. Am billigsten ist der Plastesack, in dem die Toten (etwa aus tropischen Ländern) per Flugzeug in die Heimat zurückgeführt werden.

Was ein Begräbnis an Ort und Stelle kostet, ist je nach Gemeindesatzung unterschiedlich. Das Begraben von gefallenen Helden an Ort und Stelle kostet zunächst nichts, Gebühren können aber später erhoben werden, wenn Angehörige ausfindig gemacht sind.

Als ich gegen Ende des 2. Weltkrieges einen meiner Kameraden begrub, bekam ich nachher vom Kompaniechef (wir waren nur noch sechs) eine Schachtel Zigaretten der Marke Güldenring, Verkaufspreis 0,80 Reichsmark (Vorkriegspreis).

Und dann war da das Versprechen, der Dank des Vaterlandes sei mir gewiß. Als ich das meinem Freund erzähle, der etwas jünger ist, winkt er ab und meint, darüber lohnt es sich nicht, zu reden.